职业院校传承中华优秀传统文化示范教材

总主编　王　霁

中华经典诵读

（第二版）

主　编　郑晓哲
副主编　孙科炎

中国教育出版传媒集团
高等教育出版社·北京

内容简介

本书为职业院校开展中华经典诵读活动的示范教材，是职业院校传承中华优秀传统文化示范系列教材之一。本书根据党和国家相关文件精神，结合职业院校的教学要求，在第一版的基础上修订而成。

全书结合职业院校学生的学习认知能力、人生成长阶段的实际，以“勤学、修德、明辨、笃实”为内容主线，将中华传统文化中的优秀思想、精神理念归纳为16个教育主题并分列16课。每一课都根据教育主题从中华诗文中精挑细选，并配以解释、导读，适合教师带领学生开展经典诵读。通过诵读，既可使中华经典名篇的精华得以传承，也能满足学生人文素养提升的需要。

本书可以作为职业院校公共基础课选修教材及人文素养通识教育课程教材使用。

本书配套数字化资源的获取与使用

爱课程在线开放课程

本书配套在线开放课程“中华经典诵读”，由资深特级教师团队主讲，课程设计精细、全面，讲授精彩、专业。可通过计算机或手机APP端进行视频学习、测验考试、互动讨论。

计算机端学习方法：访问地址http://www.icourses.cn/vemooc，或百度搜索“爱课程”，进入“爱课程”网“中国职教MOOC”频道，在搜索栏内搜索课程“中华经典诵读”。

手机端学习方法：扫描下方二维码或在手机应用商店中搜索“中国大学MOOC”，安装APP后，搜索学校为“职教MOOC建设委员会”下的课程“中华经典诵读”。

中国大学MOOC APP

Abook资源

本书配套演示文稿、习题册、模拟试卷等辅教辅学资源，请登录高等教育出版社Abook新形态教材网（http://abook.hep.com.cn）获取相关资源。详细使用方法见本书最后一页“郑重声明”下方的“学习卡账号使用说明”。

注册　　登录　　绑定课程

访问网站abook.hep.com.cn，自行设定用户名及密码，手机号验证

需匹配用户名及密码、验证码，也可手机登录

输入教材封底学习卡防伪标签上的20位数字，免费获取资源

总序　弘扬中华优秀传统文化，为青年成长培根铸魂

习近平总书记在中国共产党二十大报告中指出：“中华优秀传统文化源远流长、博大精深，是中华文明的智慧结晶，其中蕴含的天下为公、民为邦本、为政以德、革故鼎新、任人唯贤、天人合一、自强不息、厚德载物、讲信修睦、亲仁善邻等，是中国人民在长期生产生活中积累的宇宙观、天下观、社会观、道德观的重要体现，同科学社会主义价值观主张具有高度契合性。”

今天的中国青年是实现中国式现代化和中华民族伟大复兴的接力奋斗者，需要筑牢中华民族共同体意识，需要坚守中华民族共同的理想信念，需要坚定中华民族的文化自信和价值观自信。中华优秀传统文化进课程、进教材，是强化中华优秀传统文化铸魂育人功能，落实以中华优秀传统文化涵养社会主义核心价值观，实现中华优秀传统文化传承发展系统化、长效化、制度化的重要举措。这套教材为职业院校开展中华优秀传统文化教育而编写，目的是把中华民族的价值理念、人文精神和传统美德融入职业教育，助力培养实现中国式现代化和中华民族伟大复兴的新时代中国青年。

学习中华文化，提高青年做中国人的自我认知

中华民族几千年生生不息，中华文化起了重要的支撑作用。我们中华民族不但从远古的炎黄时代就开始发明文字、创造文化，而且这一文化历经五千年一脉相承、未曾中断，这在世界历史上是唯一的。中华民族因有自己的文化而不曾失去自我，中华民族的后代不论走到哪里，都因有中华文化的基因和血脉而不失民族的自信与认同。若问当代的青年为何要学习和传承中华优秀传统文化，那回答是，任何一个中国人，不管生于哪个年代，也不能忘了我是谁，不能忘了我来自哪里。

站在今天的历史坐标上看，中华民族是一个统一的多民族群体，世界范围内还分布着数千万华人，他们仍是炎黄子孙。所以说，中华民族从五千年的历史长河中一路走来生生不息。这种生生不息的生命力来源于哪里呢？就来源于中华文化，也就是文化的力量。

我们说自己是“中国人”，黄皮肤黑眼睛的生理特征是一种特征，而另一个更重要的特征是华夏文明体现在我们的一言一行中——书写的文字，说的语言，读的诗文，秉承的价值理念、道德准则、精神观念、生活方式等，这些文明特征是中国人的精神印记，是我们之所以自称为“中国人”的文化基因。

中华文化既是中国人精神的滋养园地，也是所有中国人紧密团结的精神纽带。通过弘扬传承中华优秀传统文化，让每一个中国青年认识自我，帮助每一个青年堂堂正正、深明大义，做有担当、有作为，为国为民、奉献人生的新时代中国青年。传承和弘扬中华优秀传统文化就是要把“中华文化”“中国人”的种子深植每个人的心中，身为中国青年，要懂得中华民族是“大我”，每一个中国青年是“小我”。无数个“小我”凝聚为“大我”，就会产生排山倒海的力量，把中国式的现代化和中华民族伟大复兴的中国梦由理想变为现实。

以文化人，提高青年的人文精神和人文素养

今天我们学习中华文化，要自觉通过优秀传统文化的学习和熏陶，完善自身的人文素养和人格修养，从精神人格上丰富自己，增厚增强自己。孔子有著名的“富而教之”的说法，是说人在物质上富足了，就必须加强文化修养，使人懂得道理而心有所归。个人不能只讲物质富足，而对精神无所追求。精神贫困远比物质贫困更可怕。

中华文化特别注重做人，特别关注精神人格和理想人格。这种理想人格，通常也就是指“君子人格”，它代表着“自强”“厚道”“温情”“诗意”“优雅”，是精神上的圆满。何为君子？孔子说：“质胜文则野，文胜质则史，文质彬彬，然后君子。”意思是说，朴实多于文采，就未免粗野；文采多于朴实，又未免虚浮。文采和朴实配合适当，这才是君子。所以，中国人要修文，要学习文化，要文而昌之，文而化之，就是要用“文”来“化”，通过“文”来提升自己的人文素养以避免粗野，化育自己的精神以避免虚浮，这是形成理想人格的必要道路。

人类的历史是由野蛮进入文明，由“野”入“雅”的过程，每一次历史的进步都表现为“雅化”程度的进一步提高，是人类文明的进一步提升。

中华先民在漫长的历史中，创造出一套独具特色的以读诗书、做诗文、习书法、舞丹青为主要手段的涵养自身精神的方式，这种方式连同其物质载体共同成为中华优秀传统文化的重要组成部分。传承和弘扬中华优秀传统文化就要大力弘扬文以载道、文以化人的思想，提倡向上向善的思想文化内容和人文精神，使青年成为懂文明、懂礼貌，有知识、有涵养、有文化的新时代青年。

志道据德，提高青年的道德修养和道德品格

中华文化的精神从一定意义上反映出道德准则。在人类文化史上，恐怕没有一个民族比中华民族更讲美德，没有一个国家比中国

更道德至上。因为中华传统文化是一种伦理型文化，支撑这一文化的最强大的支柱就是道德，中华传统美德标志着中华民族的“形”与“魂”。它是中国人两千多年来处理人际关系、人与社会关系实践的结晶。中华传统美德是支撑中华民族生生发展的强大力量。

中华优秀传统文化蕴含着丰富的道德理念和规范，如“天下兴亡匹夫有责”的担当意识，精忠报国、振兴中华的爱国情怀，崇德向善、见贤思齐的社会风尚，孝悌忠信、礼义廉耻的荣辱观念等。传承发展中华优秀传统文化，就要大力弘扬自强不息、敬业乐群、扶危济困、见义勇为、孝老爱亲等中华传统美德，传承和弘扬这些中华传统美德就构成立德树人教育的基本内容。

这套教材结合我国青少年的实际情况，突出了中华优秀传统文化中哲学精神和“志于道、据于德、依于仁、游于艺”的主旨思想。哲学精神是中华优秀传统文化的魂，孔子讲的“志于道、据于德、依于仁、游于艺”，既是中华文化对做人的基本要求，也是对其教育思想的全面概括。特别是“志于道、据于德”，这是一个人的立身之本。志于道，就是有高远的志向追求；据于德就是据守人生道德。古话说，“不患无位，而患德之不修也”，也说“不患位之不尊，而患德之不崇”，这些话都是指，无论处在什么样的社会地位，都不应该去担心自己有没有地位或者位置高不高，而应该担心自己的德行够不够。中华文化对人的基本要求是要具备美好的道德，正是这种道德的力量，把中华民族锻造成了一个坚毅、顽强的民族。今天青少年要健康成长，要做一个正直的、地道的中国人，比以往任何时候更需要培养和提高自己的道德修养和高尚品格。

本套教材共分四本，是《中华传统文化》《中华经典诵读》《中华文明礼仪》和《中华传统技艺》。这四本教材或者说这四门课各有所侧重。《中华传统文化》主要围绕立德树人这个中心，让青年学生从整体上了解中华优秀传统文化的核心精神、道德观念，增强文化认同、文化自信和精神自觉；《中华经典诵读》是为开展朗读中华经典活动而选取的历代诗文名篇，并配以注释、讲解和领读，目的是让学生通过诵读经典感受中华文化、中华思想的魅力，增厚自己的人文素养，提升自己的文化优雅气质；《中华文明礼仪》重点讲述待人处事上的行为举止，通过中华文明礼仪的学习和训练，使青年学生在注重外在形态的同时，滋养自己的内心，实现“外化于行，内化于心”，做一个文明守礼、行为得体的青年；《中华传统技艺》则是结合职业教育的要求，学习中华传统中那些精湛的技艺技术，了解包括制瓷、制茶、纺织、印染、印刷、刺绣、雕塑、刻绘等在内的中华技艺文化遗产，培养良好的技艺认知和职业观念，追求大国工匠的精神。

总的来看，这四门课是职业院校开展传承中华优秀传统文化教育的一个完整体系，从价值观念、道德人格、精神涵养、文明礼仪和技艺精神等方面，形成了一个有现实针对性的“以文化人”的教育框架，其中贯穿的一条主线是“学为成人”，即通过学习中华优秀传统文化，使青年成为中华民族伟大复兴的接力奋斗者，成为新时代的有用之才。

百年前，学者梁启超在《少年中国说》中有言：“少年智则国智，少年富则国富，少年强则国强，少年独立则国独立，少年自由则国自由，少年进步则国进步，少年胜于欧洲，则国胜于欧洲，少年雄于地球，则国雄于地球。”今日中国在中国共产党的领导下正大踏步迈向中华民族伟大复兴的新征程，中国青少年当挺起文化自信的脊梁，带着良好的科学素养和人文素养，做一个堂堂正正的、文化底蕴深厚的中国人，为实现中国式的现代化和中华民族伟大复兴的中国梦贡献自己的力量。

2023年2月

序　诵读中华经典，厚植文化基因

中华民族有着五千多年的悠久历史，其博大精深、瑰丽灿烂的文化为子孙后代留下了极其珍贵的历史遗产，是中华民族的根和魂，其中各种经典，更是中华文明的智慧结晶和精华所在。这些经过历史选择出来的“最有价值的书”，千百年来记录着中华民族基因中的最高智慧，承载着历代圣贤伟大的思想光辉，影响着一代又一代的炎黄子孙。在今天，这些经典之作仍然发挥着巨大的作用，为我们的社会进步贡献着它们的生命活力。

中华传统文化中一直强调莘莘学子要经常诵读经典。早在两千多年前，孔子就曾提出：“诵诗读书，与古人居；读书诵诗，与古人谋。”诵读，这种将情感、声音与书文糅合在一起，用悠扬自得的雅正中和之音，以饱满的精神和高古的气韵诠释经典的形式，能够让人们穿透文字、声音的屏障，直接感悟中华文化的魅力与精髓。诵者在长久的诵读过程中体悟书文的境界，陶冶自己的情操，修习自己的气韵，这是中华文化中极其独特的一种读书法，也可以称之为一种修习法。

今天我们倡导的诵读是诵读中华经典。中华代代先贤们在数千年修齐治平、建功立业的人生探索和社会实践中积累的智慧、感悟，形成的道德情操和人文精神，都融入了中华典籍中一篇篇文章、一首首诗歌、一句句箴言中，化作中国人的精气神，传承着中华儿女的精神血脉，尽显中国人的心灵智慧和精神追求。

习近平总书记指出：要坚持创造性转化、创新性发展，找到传统文化和现代生活的连接点，以时代精神激活中华优秀传统文化的生命力。这本《中华经典诵读》就是为了贯彻习近平新时代中国特色社会主义思想，落实中办、国办《关于实施中华优秀传统文化传承发展工程的意见》而编写的，是落实“让中华民族文化基因在广大青少年心中生根发芽”的切实举措。教材在素材选择上，秉持客观、科学、礼敬的态度，体现“立德树人”的要求，坚持古为今用、推陈出新，从厚植中华文化底蕴、涵养家国情怀、增强社会关爱、提升人格修养、铸牢中华民族共同体意识等育人目标出发，注重对中华优秀传统文化的提取和甄别。全书结合职业院校学生的学习认知能力、人生成长阶段的实际，以习近平总书记提出的“勤学、修德、明辨、笃实”八字箴言为主线，精心挑选了与青年学生未来的职业生活息息相关的48篇经典名篇，归纳为16个教育主题，并分列16课。教材按照这样的编排方式，避免以时间为经、以流派为纬的复杂性，便于诵读者把握。

勤学是基础，修德是关键，明辨是核心，笃行是保障。青年学生现在恰处人生的“拔节孕穗期”，正是心灵成长的关键阶段，在此阶段诵读最具智慧和价值的中华经典，不仅可以感受到深厚的传统文化意蕴，而且可从音声化的诵读艺术中提高自己的文化素养，在跌宕起伏、沁人心脾的琅琅书声中陶冶自己的性情，增进自身的品位，修习自身的气韵，让自己成为一个有内涵修养的人。

经典诵读应坚持不懈，做到熟读成诵，相信在诵读过程中，你一定会感受到经典的厚重与魅力，感受到文字的不朽与神奇。如若做到持续坚持，自当体会到诵读经典带来的改变是持久而深沉的，带给人气质、气度、谈吐等多方面的提升都是显著的。大声诵读吧，就让这些经典名篇随着优美旋律，哺育新时代的青年，用中国声音讲好中国故事、传播中国文化，让荡气回肠的情感、波澜壮阔的胸怀、矢志不渝的信仰，荡涤青年的灵魂，为职教学子的学习生活注入更加充沛、充实的文化元气，打造受益一生的文化根基！

编者

2023 年 5 月

目　录

修德篇

明辨篇

笃实篇

勤学篇

“玉不琢，不成器。人不学，不知义。”勤学，自古以来就是我们中华民族极力倡导的传统美德，古今凡有建树者，多因勤奋学习而成功。

我国古代著名诗人、辞赋家陶渊明曾说：“勤学如春起之苗，不见其增，日有所长；辍学如磨刀之石，不见其损，日有所亏。”我们职业院校的学生正处在学习的黄金时期，首要任务是学习。作为一名即将步入职场的职业院校学生，应更好地继承和发扬前人勤学的优良传统，珍惜大好青春年华，下得苦功夫，求得真学问，以学为基，以学增才。

中华经典中，关于勤学的诗文可以说数不胜数，本篇撷取部分经典名篇，分为“励志自强”“学而不厌”“天道酬勤”三部分内容让大家诵读。这些经典名篇告诉我们，自古以来为学之道就是勤奋努力、持之以恒。希望在诵读中你能体会到这些道理，并在生活中改变自己，学会学习。你会发现，只要树立正确的职业理想，端正学习态度，锲而不舍地提高专业技能，就能实现“会当凌绝顶，一览众山小”的凌云壮志。

第 1 课　励志自强

第一节　诵读名篇

诵读篇一　《诫子书》

三国　诸葛亮

诫子图

【导读】

本文出自《诸葛亮集》，是三国时期著名政治家、军事家诸葛亮在临终前写给他7岁的幼子诸葛瞻的书信。诸葛亮一生为蜀汉事业日夜操劳，鞠躬尽瘁，顾不上亲自教育儿子，于是写下此文，告诫其如何立志，如何学习。

本文以委婉的语气对诸葛瞻在道德修养、学习态度、珍惜年华等方面提出了要求。既讲明了修身养性的途径和方法，也指明了立志与学习的关系；既讲明了宁静淡泊的重要性，也指明了放纵怠慢、偏激急躁的危害。

这篇平实的家训，使用了骈文的写法，即四字一句，或六字一句，结构整齐，节奏感强，读起来朗朗上口。寥寥八十六言，可谓字字珠玑、句句美玉，其文字清新雅致，说理平易近人。这篇几乎每一句都可作为座右铭的文章，成了后世学子修身立志的名篇。

诵读本文重在理解内容，把握主旨，体会情感，从中获得精神的力量，并积累背诵相关警言以自励。由于是诫子之书，因此句句语重心长，充满关爱，又充满期望，在诵读时要注意体会。

【原文】※

fú jūn zǐ zhī xíng jìng yǐ xiū shēn jiǎn yǐ yǎng dé fēi dàn bó wú yǐ míng zhì fēi níng jìng wú yǐ zhì yuǎn

夫①/君子之行，静/以修身，俭/以养德。非淡泊②/无以明志，非宁静③/无以致远。

fú xué xū jìng yě cái xū xué yě fēi xué wú yǐ guǎng cái fēi zhì wú yǐ chéng xué yín màn zé bù néng lì jīng xiǎn zào zé bù néng zhì xìng nián yǔ shí chí yì yǔ rì qù suì chéng kū luò duō bù jiē shì bēi shǒu qióng lú jiāng fù hé jí

夫/学须静也，才须学也。非学/无以广才，非志/无以成学。淫慢④/则不能励精，险躁/则不能治性。年/与时驰，意/与日去，遂成枯落，多不接世⑤，悲守穷庐，将复何及！

【注释】

① 夫：句首发语词，无实在的意义。

② 淡泊：也写作“澹泊”，清心寡欲而不贪图名利。

③ 宁静：这里指安静，集中精神，不分散精力。

④ 淫慢：过度的懈怠。淫，过度；慢，懈怠、懒惰。

⑤ 接世：接触社会，承担事物；有“用世”的意思。

注：“/”为节奏划分，以下同。

※ 原文选自《诸葛亮集校注》，天津古籍出版社2008年版。

【译文】

有道德修养的人是这样提高自己的修养的：他们以静思专注的精神来修养自身，以俭朴的生活来培养自己高尚的品德。不恬静寡欲就无法确立坚定高远的志向，不排除外来干扰就无法实现远大目标。

学习必须静心专一，而才干必须通过学习来获得。不学习就无法增长才干，没有志向就无法使学习有所成就。放纵懈怠就无法振奋精神，急躁冒险就不能陶冶性情。年华随时光流逝，意志随岁月而消磨，最终像树叶一样枯败零落，这样的人大多不接触世事、不为社会所用，只能悲哀地坐守在自己穷困的居舍里，到那时再悔恨又怎么来得及？

诸葛亮

【作者简介】

诸葛亮（181—234），字孔明，人称“卧龙”，徐州琅琊阳都（今山东省临沂市沂南县）人，三国时期蜀汉丞相，杰出的政治家、军事家。诸葛亮为匡扶蜀汉政权，呕心沥血，鞠躬尽瘁，死而后已。其代表作有《隆中对》《出师表》《诫子书》等。

诸葛亮胸怀韬略，学识渊博，千百年来，已经成为中华民族智慧的化身，其传奇性的故事亦为世人所传颂。诸葛亮在后世受到极大尊崇，成为忠臣的楷模。成都、宝鸡、汉中、南阳等地都有为他设立的武侯祠，杜甫曾作《蜀相》，表达了对诸葛亮雄才大略、忠心报国的称颂以及对他出师未捷身先死的惋惜之情。

诵读篇二 《生于忧患，死于安乐》

战国　孟轲

苏武牧羊

【导读】

本文出自《孟子·告子下》，题目为编者所加，是孟子为了说明成就大业者都曾经历过一番艰苦磨炼而写的一篇说理散文。

全文采用列举历史事例和讲道理相结合的写法，逐层推论，论证缜密，雄辩有力。文章起首连举六位圣贤经过贫困、挫折磨炼而终当大任的事例，给人以深刻印象，使人认识到“生于忧患”确是一种普遍存在的社会现象；接着又极力铺陈艰难环境给人们带来的磨难，反衬了圣贤成功的不易；然后再论述圣贤面对艰难忧患应当具有的正确态度与处理方法，最终得出“生于忧患，死于安乐”的结论。

文章多用排比句和对仗句，既可使语气节奏错落有致，又造成一种势不可挡的气势，有力地增强了论辩艺术的感染力。

诵读本文重在理解孟子“发愤抒情”的美学原则，感受作品中的凛然正气。诵读时要注意理解文义，在此基础上读准字音，读出停顿，读出抑扬顿挫的气势和孟子救世的责任感。

【原文】※

舜/发于/畎亩之中①，傅说②/举于/版筑之间，胶鬲③/举于/鱼盐之中，管夷吾④/举于/士，孙叔敖⑤/举于/海，百里奚⑥/举于/市。

故/天将降大任/于是人也，必先/苦其心志，劳其筋骨，饿其体肤，空乏其身，行/拂乱其所为，所以/动心忍性，曾益/其所不能。

人/恒过，然/后能改；困于心，衡于虑，而后作；征于色，发于声，而后喻。入/则无/法家拂士⑦，出/则无/敌国外患者，国/恒亡。然后知/生于忧患，而死于安乐也。

【注释】

① 舜发于畎亩之中：据《史记》记载，舜原来在历山耕田，三十岁时，被尧起用，后来继承尧的首领之位。“畎亩”，泛指田野。

② 傅说：商朝贤相，原在傅岩一带做工匠，为人筑墙，商

【译文】

舜从田野耕作之中被任用，傅说从筑墙工作中被举用，胶鬲从贩卖鱼盐中被举用，管夷吾从狱官手里释放后被举用，孙叔敖从海边被举用，百里奚从市井中被举用。

所以上天要把重大责任降在这样的人身上，必定要使他的意志受折

王武丁访寻他，用他为丞相。举：被举用，被选拔。

③ 胶鬲：周朝时的贤臣，起初贩卖鱼和盐，周文王把他举荐给纣，后来又辅佐周武王。

④ 管夷吾：管仲，原为齐国公子纠的家臣，公子小白（齐桓公）和公子纠争夺君位，公子纠失败了，管仲作为罪人被押解回国，齐桓公知道他有才能，即用他为丞相。

⑤ 孙叔敖：春秋时期楚国人，隐居海滨，楚庄王知道他有才能，用他为令尹。

⑥ 百里奚：春秋时期虞国大夫，虞王被俘后，他由晋入秦，又逃到楚，后来秦穆公用五张黑公羊皮把他赎出来，用为大夫。

⑦ 拂士：足以辅佐君主的贤士。拂，通“弼”，辅弼。

※ 原文选自《孟子注疏》卷二十下，北京大学出版社2000年版。

磨，使他的筋骨受劳累，使他经受饥饿，使他全身困乏，使他做的事总是遭受干扰。通过这些来使他的内心警觉，使他的意志坚定，性格坚忍，增加他所不具备的才能。

人经常犯了错误，（发现自己的缺点）然后才能改正；内心困苦，思虑阻塞，（然后才能发现自己的不足，努力弥补）然后才能有所作为；这一切表现到脸色上，抒发到言语中，然后能被人了解。（假如一个国家）内部缺乏坚持法度的世臣和辅佐君主的贤士，外部没有敌对国家侵扰的外患，国家往往容易衰亡。

这样才能够懂得，忧愁患害可以促使人生存，而安逸享乐促使人萎靡死亡。

【作者简介】

孟子

孟子（约前372—前289），名轲，战国时期思想家、政治家和教育家，儒家的重要代表人物，被后世尊为“亚圣”。孟子提出“民贵君轻”的思想，主张国君实行“仁政”，要与民“同乐”。在人性问题上，孟子提出“性善论”。孟子的思想学说记载在《孟子》中。

诵读篇三 《志不立，天下无可成之事》

明　王阳明

【导读】

孔子杏坛讲学

出自明代王阳明的《教条示龙场诸生》，题目为编者所加。王阳明被贬贵州，经“龙场悟道”后，创建书院，聚徒讲学，并为求学者立下了著名学规——《教条示龙场诸生》，本文是学规的第一条，告诫学生要立志。

文章运用对比、比喻的方式层层推进，对“圣贤四事”之一的“立志”加以相规，强调立志的重要性。作者告诫学生，无论是圣贤豪杰，还是百工技艺，人人都有成就事业的可能，但是，必须先立志。有大志方有大成，不立志万事蹉跎。

本文语言平实，运用对仗、反问、比喻等修辞手法，说理透彻，读起来朗朗上口又发人深省，使人深刻感受到师长的谆谆告诫。文章句句发自肺腑，至诚恳切，诵读时要读出格言味道。除遵循古文“字分实虚入，音分短重长”的规则之外，诵读时还要特别注重本文的“立意”，做到内明于心，外达于人。

【原文】（节选）※

zhì bù lì tiān xià wú kě chéng zhī shì suī bǎi gōng jì yì
志/不立，天下/无可成之事。虽/百工技艺，

wèi yǒu bù běn yú zhì zhě jīn xué zhě kuàng fèi huī duò wán
未有/不本于/志者。今/学者/旷废隳惰①，玩

suì kài shí ér bǎi wú suǒ chéng jiē yóu yú zhì zhī wèi lì ěr
岁惕时②，而/百无所成，皆由于/志之未立耳。

gù lì zhì ér shèng zé shèng yǐ lì zhì ér xián zé xián yǐ
故/立志/而圣，则圣矣；立志/而贤，则贤矣；

zhì bù lì rú wú duò zhī zhōu wú xián zhī mǎ piāo dàng bēn
志/不立，如/无舵之舟，无衔之马③，漂荡奔
yì zhōng yì hé suǒ dǐ hū
逸，终亦/何所底乎？

【注释】

① 旷废隳惰：旷废学业，堕落懒散。隳，毁坏、损毁。

② 玩岁愒时：贪图安逸，虚度光阴。愒，荒废。

③ 无衔之马：没有笼头的马。衔，装在马口用来控制马匹的用具。

※ 原文选自《王阳明全集》卷二十六续编一，上海古籍出版社1992年版。

【译文】

不树立志向，天下便没有可以做成功的事情。即使是各行各业的有技能才艺的工匠，没有不以立志为根本的。现在的读书人，旷废学业，堕落懒散，贪玩儿而荒废时日，最终一事无成，这都是由于志向没有树立罢了。所以立志做圣人，就可以成为圣人；立志做贤人，就可以成为贤人。志向没有树立，就好像没有方向的船，就像没有笼头的马，随波逐流，任意奔逃，终究达不到目标。

王阳明

【作者简介】

王守仁（1472—1529），即王阳明，浙江余姚人，明代著名的思想家、文学家、哲学家和军事家，中国历史上实现“立德、立功、立言”三不朽的伟人。因曾筑室于会稽山阳明洞，世称阳明先生。王阳明是儒家心性学说的集大成者，精通儒家、道家、佛家，他和孔子（儒家学派创始人）、孟子（儒学集大成者）、朱熹（理学集大成者）并称为“孔、孟、朱、王”，其学术思想对后世产生了重要而深远的影响。《王文成公全书》为其著述的汇编。《四库全书总目提要》称其“为文博大昌达，诗亦秀逸有致”。

第二节　拓展阅读

拓展阅读一　先贤说励志

1. 天行健，君子以自强不息。

出自《周易 · 乾》，意思是：天道刚健，运行不息，君子也应该（像上天一样）努力向上，坚持不懈。这句话原是用来解释“乾”的，后常被用来自勉和勉人。成语“自强不息”即出于此。

2. 志不强者智不达。

出自《墨子 · 修身》，意思是：志向不坚定的人，智慧就得不到充分的发挥。

3. 志当存高远。

出自三国时期诸葛亮的《诸葛亮集 · 诫外甥书》，意思是：人应当怀抱高远的志向。

4. 老骥伏枥，志在千里；烈士暮年，壮心不已。

出自三国时期曹操的《龟虽寿》。意思是：良马虽因年老力衰，卧伏于马棚中，但仍有驰骋千里的雄心；有志之士即使到了晚年，奋发思进的雄心也不会止息。今用来比喻人老当益壮的积极进取精神。

5. 学之广在于不倦，不倦在于固志。

出自东晋时期葛洪的《抱朴子 · 崇教》。意思是：学问的广博在于学而不倦，学而不倦在于志向坚定。

6. 丈夫为志，穷当益坚，老当益壮。

出自南朝宋范晔的《后汉书 · 马援传》。意思是：大丈夫立志，越是处境困难越是坚定不移；越是年老，其志向越是远大。

7. 古之立大事者，不惟有超世之才，亦必有坚忍不拔之志。

出自宋代苏轼的《晁错论》。意思是：自古以来能建功立业做大事的人，不仅有超脱俗世的才能，还有坚忍不拔的意志。

8. 有志者、事竟成，破釜沉舟，百二秦关终属楚；苦心人、天不负，卧薪尝胆，三千越甲可吞吴。

出自清代蒲松龄的自勉联。上联用的是项羽破釜沉舟、大破秦兵的典故，说明做事要有项羽那种拼搏到底、义无反顾的决心。下联用的是越王勾践卧薪尝胆、灭吴雪耻的典故，表示要有越王勾践刻苦自励、发愤图强的毅力。蒲松龄撰写此联，就是激励自己在读书和创作上，要有这两位人物不达目的绝不罢休的精神。

拓展阅读二　张仲景立志学医

张仲景是东汉末年杰出的医学家，被称为“医圣”。他总结了前人的宝贵经验，结合医疗实践和亲身体会，撰写了《伤寒杂病论》一书，对后世贡献很大。

张仲景出生在一个书香家庭，他从史书上看到了扁鹊望诊齐桓侯的故事，对扁鹊的医术非常钦佩，从此对医学产生了浓厚的兴趣。当时社会动荡不安，兵祸四起，黎民百姓饱受战乱之苦，加上疫病流行，百姓颠沛流离，横尸遍野。而朝廷为了争权夺势，仍不断发动战争，这使张仲景从小就怜悯百姓，萌发了学医救民的愿望。

张仲景

当时南阳郡有位名医，叫张伯祖，是张仲景的同族。张伯祖早年曾在京城洛阳行医，为当时的上层人物看病。元嘉年间（151—152），汉桓帝受了寒邪，恶寒发热，头痛体乏，太医治了十几天还没见好，就请张伯祖来医治。张伯祖诊脉后，认为是伤寒病，遂开了发散风寒的药方。汉桓帝服了汤药后，盖上厚棉被，出了一身汗，起床后顿觉轻松，病就好了。汉桓帝很高兴，任命他做侍中内官。

张伯祖见朝廷日渐衰微，外戚与宦官争权，战乱不断，不愿待在京城，私下对人说：“皇上患病了，可以很快治好；朝政患病了，却没办法治啊。”于是他辞官，隐居洛阳少室山。张仲景听说后，便立志做一个济世救人的医者，他说：“我就要拜这样的人为师！既有医术，又有医德。”这一年，张仲景才10岁。于是他就拜在张伯祖门下学习医术。后来他经过不断努力，终于成为一名杰出的医学家，完成了划时代的著作《伤寒杂病论》。

第三节　人生感悟

读有所悟　人不能没有理想

人无志不立，学无志不成。志向就是生命的方向、目标，一个人要想成就一番事业，就一定要先树立志向。人生有了志向，就有了动力，走的每一步就很踏实。志向就好比人生的根基，根基扎稳了，枝叶才能茂盛。如果没有志向，我们就会随波逐流、空过一生。所以人贵有志，学贵立志。

一个人想要成功，首先要明确自己的理想，这样才不至于在前进的路上失去方向和目标。我们每个人都有自己的梦想（也就是所谓的“志”），这是一份美好的期待，但同时也要付出辛苦，做好迎接一切酸甜苦辣的准备。立志并非是随意地定立志向，立下志向后，内心要时刻专注于此，才能最终到达梦想的彼岸。

振衣千仞岗

知行合一　温故知新，学以致用

1. 温故知新

请熟读每课原文并记住下面名言。

① 非淡泊无以明志，非宁静无以致远。

② 故天将降大任于是人也，必先苦其心志，劳其筋骨，饿其体肤，空乏其身，行拂乱其所为，所以动心忍性，曾益其所不能。

③ 志不立，天下无可成之事。

2. 见德思齐

① 你最喜欢的励志名句是什么?

____

② 你励志的榜样是谁?

____

③ 请编写一句属于自己的关于励志自强的座右铭。

____

3. 学以致用

① 生活不可能总是一帆风顺，总会有困难、挫折和失败，如果身处逆境你会如何?

____

____

② 从现在起，要朝着自己追求的方向努力，你决心为______________________________而立志!

4. 与人为善

这一周你做了哪些有意义的事？请记录下来，让行善成为习惯。

____

____

第2课　学而不厌

第一节　诵读名篇

诵读篇一　《劝学》

战国　荀况

【导读】

本文出自《荀子》，是一篇论述学习的重要性、劝导人们以正确的目的、态度和方法去学习的散文。作为《荀子》的开篇之作，《劝学》历来是为人们所传诵的名篇，其中有些语句已成为勉励学习的常用语。

松下儒讲图

全文围绕“学不可以已”的论题展开论述，层次井然，逻辑严密，语言精警，体现了荀子说理雄辩的特色。选文第二段着重论述学习的重要意义，它能使人“知明而行无过”，即提高思想认识和加强品德修养。第三段写学习能使人增长才干，有了知识才能“善假于物”。第四段写正确的学习态度和方法应当是循序渐进、不断积累的，学习要持之以恒才能取得成效。

文章以朴素唯物主义为理论基础，旁征博引，娓娓说理，反映了先秦儒家在教育方面的观点，也体现了荀子文章的艺术风格。在语言运用上，长短句并用，对偶排比句兼行，匀称而又错落有致，行文气势磅礴，论辩清晰果断，既富于论辩色彩，又富有文学韵味，甚至有一种音乐的节奏感流动其中。诵读时注意通假字的读法，要体味其铿锵起伏的节奏美，读出荀子谆谆劝学的立场、观点和思想。

【原文】（节选）※

君子曰：学/不可以已。

青，取之于蓝，而青于蓝；冰，水为之，而寒于水。木直中绳[1]，輮[2]以为轮，其曲中规；虽有[3]/槁暴[4]，不复挺者，輮/使之然也。故/木/受绳则直，金/就砺[5]则利，君子博学/而日参省[6]乎己，则/知[7]明/而行无过矣。

吾尝/终日而思矣，不如/须臾[8]之所学也；吾尝/跂[9]而望矣，不如/登高之博见也。登高而招，臂/非加长也，而见者远；顺风而呼，声/非加疾也，而闻者彰。假/舆马者，非/利足也，而致千里；假/舟楫者[10]，非/能水也，而绝江河。君子/生非异也[11]，善/假于物也。

……

积土成山，风雨兴焉；积水成渊，蛟龙生焉；积善成德，而/神明自得，圣心备焉。故/不积跬步[12]，无以至千里；不积小流，无以成江海。骐骥[13]一跃，不能十步；驽马[14]十驾，功在不舍。锲[15]而舍之，朽木不折；锲而不舍，金石可镂[16]。蚓/无爪牙之利，筋骨之强，上食埃土，下饮黄泉，用心一也。蟹/六跪[17]而二螯[18]，非蛇鳝之穴/无可寄托者，用心躁也。

【注释】

① 中绳：中，合乎；绳，墨线。指合乎拉直的墨线。

② 𫐓：通“煣”，用火烤使木条弯曲（一种手工艺）。

③ 有，通“又”。

④ 槁暴：枯干。槁，枯。暴，通“曝”，晒干、指暴晒干枯。

⑤ 就砺：拿到磨刀石上去磨。

⑥ 参省：参，此处读为“叁”，与“三”同义，表示多次的意思；省，审察。指多次自我检查反省。

⑦ 知：通“智”，智慧。

⑧ 须臾：片刻，一会儿。

⑨ 跂：踮起脚后跟。

⑩ 假舟楫者：假，借助、利用。指乘船的人。

⑪ 生非异也：生，通“性”，资质、禀赋。指本性（同一般人）没有差别。

⑫ 跬步：古代称半步为“跬”，一步为“步”。

【译文】

君子说：“学习不可以停下来”。

靛青，是从蓝草中提取的，却比蓝草的颜色还要深；冰，是水凝固而成的，却比水还要寒冷。木材笔直，合乎墨线，如果把它烤弯做成车轮，那么木材的弯度就合乎圆的标准了。即使再将木材晒干，也不会再挺直，是因为经火烤过。所以木材经过墨线量过就能取直，刀剑等金属制品在磨刀石上磨过就能变得锋利，君子广泛地学习，并且每天检查反省自己，就会多智明达，并且行为就不会有过失了。

我曾经整天沉思，却不如片刻学到的知识多；我曾经踮起脚远望，却不如登到高处看得广阔。登到高处招手，胳臂没有更长，可是在远处的人也能看见；顺着风叫喊，声音没有比原来更大，可是听的人听得很清楚。借助车马的人，并不是脚走得快，却可以行千里；借助舟船的人，并不是能游水，却可以横渡江河。君子的本

⑬ 骐骥：骏马。

⑭ 驽马：劣马。

⑮ 锲：用刀雕刻。

⑯ 镂：原指在金属上雕刻，后泛指雕刻。

⑰ 六跪：跪，指蟹足。蟹有八足，疑此处的“六”应该是“八”。

⑱ 螯：螃蟹的钳形爪子。

※ 原文选自《荀子集解》，中华书局1988年版。

性跟一般人没什么不同，只不过善于借助外物罢了。

堆积土石成了高山，风雨便会从这里兴起；汇积水流成为深渊，蛟龙就在这里生长了；积累善行养成高尚的品德，那么就会拥有高度的智慧，具备圣人的心智。所以不积累一步半步的行程，就没有办法达到千里之远；不积累细小的流水，就没有办法汇成江河大海。骏马奋力一跃，也不超过十步远；劣马拉车走十天，（也能走得很远）走这么远在于不放弃。如果雕刻几下就停下来，那么腐烂的木头也刻不断。如果不停地刻下去，那么金石也能雕刻成功。蚯蚓没有锐利的爪子和牙齿，也没有强健的筋骨，却能向上吃到泥土，向下喝到泉水，这是由于它用心专一。螃蟹有六（八）只脚，两只钳子，但是如果没有蛇、蟮的洞穴它就无处存身，这是因为它用心浮躁啊。

荀子

【作者简介】

荀子（约前313—前238），名况，战国末期赵国人，著名思想家、文学家、教育家，儒家代表人物之一，时人尊称“荀卿”。荀子隆礼重法，是先秦儒学集大成者。在人性问题上，主张性恶论，否认天赋的道德观念，强调后天环境和教育对人的影响。其学说常被后人拿来跟孟子的性善论比较。此外，荀子对重新整理儒家典籍也有相当显著的贡献。

诵读篇二 《劝学诗》

唐　孟郊

【导读】

本诗是唐代著名诗人孟郊的作品，原题为“劝学”，是一首五言律诗，全诗40个字，旨在奉劝青少年珍惜光阴，珍惜青春，刻苦治学，有所作为。

春山待读

诗人首先用当时人们日常生活中不可或缺的击石取火做比喻，指出燧石只有经过敲击，才能产生火星，不敲击连烟都没有，更别说火了。基于同样的道理，人只有通过学习，才能得“道”。“万事须己运，他得非我贤”是对“人学始知道”的发挥，强调任何事都须靠自己努力。这两句是孟郊诗文中最著名的两句，直到今天仍然具有生命力。结句“青春须早为”，热切勉励世人抓住一生最宝贵的时间，在“学习”“运用”上下功夫，用冷语对怠惰的人当头棒喝，体现了诗人劝学的一片苦心。

孟郊用白描手法，将典故辞藻变为简明淡素的语言，写出了学习读书的重要性。这首诗声韵流畅，诵读时要体会孟诗朴实的艺术特色。

【原文】※

jī shí nǎi yǒu huǒ, bù jī yuán wú yān
击石/乃有火，不击/元①无烟。

rén xué shǐ zhī dào, bù xué fēi zì rán
人学/始知道②，不学/非自然③。

wàn shì xū jǐ yùn tā dé fēi wǒ xián
万事/须己运④，他得/非我贤⑤。

qīng chūn xū zǎo wéi qǐ néng cháng shào nián
青春/须早为，岂能/长少年？

【注释】

① 元：原本、本来。

② 道：事物的法则、规律。这里指各种知识。

③ 自然：天然。

④ 运：运用。

⑤ 贤：才能。

※ 原文选自《全唐诗》，中华书局1986年版。

【译文】

只有击打石头，才会有火花；如果不击打，连一点儿烟也不冒出。

人也是这样，只有通过学习，才能掌握知识；如果不学习，知识不会从天上掉下来。

任何事情必须自己去实践，别人得到的知识不能代替自己的才能。

青春年少时期就应趁早努力，一个人难道能够永远都是“少年”吗？

孟郊

【作者简介】

孟郊（751—814），字东野，湖州武康（今浙江省德清县）人。唐代著名诗人。现存诗歌500多首，以短篇的五言古诗最多，代表作有《游子吟》。因其诗多写世态炎凉，百姓苦难，故有“诗囚”之称，又与贾岛齐名，人称“郊寒岛瘦”。

诵读篇三 《为学》

清 彭端淑

【导读】

本文出自清代文学家彭端淑的《白鹤堂集》，是他为勉励子侄们努力读书而作，原题为《为学一首示子侄》，作于乾隆九年（1744）。因彭端淑同族子侄很多，但当时连一个文举人都没有，作者见状，甚为忧心，故写出这篇文章来教育晚辈们要树立远大志向，勤奋学习，持之以恒，方能有所建树。

文章着重论述做学问的道理，指出人的天赋才资并非是决定学业有无成就的条件，只有通过主观努力，才能有所成就。文章先讲为学的难易并非一成不变，而可相互转化，转化的条件在于人的主观努力；接着讲了贫富两僧想去南海的故事，说明天下无难事，只怕有心人和有志者事竟成的道理，点出立志为学这一中心命题；结尾指出，自恃聪明而不学者必败，愚庸者能勤奋学习则会有成就。全篇采用以虚带实、就实论虚的写法，例证生动，观点鲜明，不但激励了一代代的彭氏子侄，也鼓舞了后人。

玄奘负笈西行

本文是长辈对晚辈的指教、劝导，语言平实，叙事娓娓道来，文章开篇侧重讲述做学问遇到困难时该怎样做，运用事例强化说理。文章内容丰富有趣，语言独具特色。朗读时要注意正确的语气与停顿，领悟文章的主旨：人贵立志，事在人为。

【原文】（节选）※

天下事/有难易乎？为之，则/难者亦易矣；不为，则/易者亦难矣。人之为学/有难易乎？学之，则/难者/亦易矣；不学，则/易者/亦难矣。

蜀之鄙①/有二僧，其一贫，其一富。贫者/语于/富者曰："吾欲之南海，何如？"富者曰："子/何恃②而往？"曰："吾/一瓶/一钵③足矣。"富者曰："吾/数年来/欲买舟而下，犹/未能也。子/何恃而往？"越明年，贫者/自

nán hǎi huán yǐ gào fù zhě fù zhě yǒu cán sè
南海还，以告富者。富者有惭色。

xī shǔ zhī qù nán hǎi bù zhī jǐ qiān lǐ yě sēng fù zhě
西蜀/之去南海，不知/几千里也，僧富者
bù néng zhì ér pín zhě zhì yān rén zhī lì zhì gù bù rú
不能至/而贫者至焉。人之立志，顾[4]/不如/
shǔ bǐ zhī sēng zāi shì gù cōng yǔ mǐn kě shì ér bù kě shì
蜀鄙之僧哉？是故/聪与敏，可恃/而不可恃
yě zì shì qí cōng yǔ mǐn ér bù xué zhě zì bài zhě yě hūn
也；自恃其聪与敏/而不学者，自败者也。昏
yǔ yōng kě xiàn ér bù kě xiàn yě bù zì xiàn qí hūn yǔ yōng
与庸，可限/而不可限也；不自限其昏与庸，
ér lì xué bù juàn zhě zì lì zhě yě
而力学不倦者，自力者也。

【注释】

① 鄙：边远的地方。

② 恃：凭借、依靠。

③ 钵：佛教僧侣盛饭的用具。

④ 顾：难道。

※ 原文选自《清代诗文集汇编》第291册，上海古籍出版社2010年版。

【译文】

天下的事情有困难和容易的区别吗？只要做，那么困难的事情也就变得容易了；如果不做，那么容易的事情也会很困难。人们做学问有困难和容易的区别吗？只要学习，那么困难的也会变得容易；不学习，那么容易的也会变得困难。

西蜀边远的地方有两个和尚，其中一个贫穷，另一个富有。穷和尚对富和尚说："我想去南海，您看怎么样？"富和尚说："您靠什么去呢？"穷和尚说："我靠着一个水瓶一个饭钵就足够了。"富和尚说："我几年来都想雇船沿长江下游去南海，至今都没能去成。您凭借什么能去呢？"到了第二年，穷和尚从南海回来了，并将此事告诉了富和尚。富和尚显露出了惭愧的神色。

西蜀距离南海，不知道有几千里路，富和尚不能到达可是穷和尚到达了。一个人立志求学，难道还不如西蜀边远地区的那个穷和尚吗？因此，聪明与敏捷，可以依靠但也不可以依靠；依靠聪明与敏捷而不努力学习的人，是自己毁了自己。愚笨和平庸，可以限制又不可以限制；不被自己的愚笨平庸所局限而努力不倦地学习的人，是靠自己努力学成的。

【作者简介】

彭端淑（约1699—约1779），号乐斋，眉州丹棱（今四川省丹棱县）人，清代著名文学家，四川三才子之一。曾任吏部主事，后辞官归蜀，隐于成都白鹤堂，入锦江书院，走上了课士育贤之路。著有《白鹤堂文集》《雪夜诗谈》等。

彭端淑

第二节　拓展阅读

拓展阅读一　先贤说勤学

1. 玉不琢，不成器；人不学，不知道。

出自《礼记·学记》。意思是：玉石不经过雕琢，不能成为有用的玉器；人不经过学习，就不懂得事理。

2. 人而不学，其犹正墙面而立。

出自《尚书》。意思是：人如果不学习，就像面对墙壁站着，什么东西也看不见。

3. 知之者不如好之者，好之者不如乐之者。

出自《论语·雍也》。意思是：了解怎么学习的人不如喜爱学习的人；喜爱学习的人又不如以学习为乐的人。

4. 立身以力学为先，立学以读书为本。

出自北宋欧阳修的《欧阳文忠公文集》。意思是：品德修养、安身立命要以学习为根本，而学习则建立在读书的基础上，以书本上的知识为根本。

5. 读书有三到：心到，眼到，口到。

出自南宋朱熹的《训学斋规》。意思是：用心思考，用眼仔细看，用口多读，三方面都做到位才是真正的读书。

6. 不是一番寒彻骨，怎得梅花扑鼻香。

出自明代冯梦龙的《醒世恒言》。意思是：如果不是经历了一番彻骨的寒冷，怎么会有梅花那扑鼻的香味呢？比喻只有经过一番艰苦的磨难，才能取得辉煌的成就。

7. 皇天不负苦心人。

出自清代李宝嘉的《文明小史》。意思是：上天不会辜负用心良苦的人。比喻只要肯努力奋斗，就一定能取得成功。

拓展阅读二 孔子学琴、孟母断杼

孔子学琴

孔子跟从师襄子学琴。师襄子教了一首曲子后，孔子每天弹奏，不断练习，丝毫没有厌倦。过了十天，师襄子对孔子说：“这首曲子你已经弹得很不

抚琴图

错了，可以学习新的曲子了。”孔子说：“我虽然学会了曲谱，但是还没有掌握弹奏它的技巧。”孔子用心投入，练习了一段时间后，很快就学会了技巧。于是，师襄子对孔子说：“你现在已经学会技巧了，可以学点别的了。”孔子回答说：“可是我还没有了解曲子表达的意趣和神韵啊。”孔子继续专心练习了一段时间后，了解了曲子的意趣。师襄子便让孔子学习新的曲子。孔子依然想继续深入，回答说：“我还不了解作曲者，没有体会到作曲者的内心世界。”又过了一段时间，孔子神情俨然，仿佛进入了新的境界：时而肃穆沉思，时而怡然高望，意志深远。孔子说：“我现在知道作曲者是什么人了。这人长得有点黑，身材魁梧，胸怀大志，目光明亮远大，要统一四方，若不是周文王，还有谁能如此啊！”

师襄子听了，十分惊讶，立即离席来到孔子面前，拜了两拜，回答说：“老琴师传授此曲时就是这样说的，此曲的名字正是《文王操》啊！”

孟母断杼

孟子小的时候放学回家，他的母亲正在织布，母亲问他：“学习怎么样了？”孟子漫不经心地说：“跟过去一样。”孟母见他无所谓的样子，十分生气，就用剪刀剪断织好的布。孟子问母亲这样做的原因，孟母说：“你荒废学业，如同我剪断这布一样。布割断了，能够再接上去吗？”孟子非常惭愧，自此，孟子从早到晚勤奋学习，终成一代大儒。

孟母教子

第三节　人生感悟

读有所悟　学习贵在坚持

秋窗读书图

人生在世，需要不断地学习和积累。同样是学习，有的人碌碌无为，收效甚微，有的人却硕果累累，收获良多，这也许是因为学习的态度不同。我们对待学习，不能一知半解就骄傲自满，稍遇挫折就萎靡不振，持这种态度的人是无法成大器的。要知道，学习的好坏，不在于天资的高低，而在于主观上的努力，学业与成就不一定与人的智力成正比。笨鸟先飞，龟兔赛跑，这些寓言都说明只要态度端正，持之以恒，就能取得成功。学习也是如此，坚持不懈、脚踏实地地努力必定有所成就，一曝十寒终将一事无成。

知行合一　温故知新，学以致用

1. 温故知新

请熟读每课原文并记住下面的名言。

① 锲而舍之，朽木不折；锲而不舍，金石可镂。

② 人学始知道，不学非自然。

③ 人之为学有难易乎？学之，则难者亦易矣；不学，则易者亦难矣。

2. 见德思齐

① 你最喜欢的关于学习态度的名句是什么？

____

____

② 你身边成绩优秀的人都有什么特点？

____

③ 请编写一句属于你的关于学习态度的座右铭。

3. 学以致用

① 你的学习动力是什么?

② 在生活中做到持之以恒，你还应该克服哪些缺点?

4. 与人为善

这一周你做了哪些有意义的事？请记录下来，让行善成为习惯。

第3课　天道酬勤

第一节　诵读名篇

诵读篇一《勤训》

清　李文炤

山馆勤读图

【导读】

《勤训》出自《恒斋文集》，是清代经学家李文炤的作品，是为说明勤奋的重要性而作的小短文。

“一勤天下无难事”，文章揭示了世上一切成功的秘诀和动力。文章开头就标举“勤”为第一要义，认为人活着，就要认真过日子，要将“勤劳的态度”实践在自己的生活之中，并用古代圣贤珍惜时光的榜样来鼓励读者。第二段从人之常情出发，讲“好逸恶劳”的害处，从而劝导人一定要勤奋。功崇惟志，业广惟勤，任何梦想的实现都不是轻而易举的，它需要人们用超常的勤奋去努力获取。

文章运用大量排比句式，层层推进，气势雄浑，诵读时要注意语句结构，读出气势。

【原文】※

zhì shēng zhī dào mò shàng hū qín gù shào zǐ yún yī
治生之道①，莫尚乎勤。故/邵子②云：“一
rì zhī jì zài yú chén yī suì zhī jì zài yú chūn yì shēng zhī
日之计/在于晨，一岁之计/在于春，一生之
jì zài yú qín yán suī jìn ér zhǐ zé yuǎn yǐ wú rú
计/在于勤。”言虽近，而/旨则远矣！无如/
rén zhī cháng qíng wù láo ér hào yì gān shí yú yī wán rì
人之常情，恶劳/而好逸，甘食褕衣③，玩日
kài suì yǐ zhī wéi nóng zé bù néng shēn gēng ér yì nòu yǐ
愒岁④。以之为农，则/不能深耕而易耨⑤；以
zhī wéi gōng zé bù néng jì rì ér xiào gōng yǐ zhī wéi shāng zé
之为工，则/不能计日而效功；以之为商，则/
bù néng chéng shí ér qū lì yǐ zhī wéi shì zé bù néng dǔ zhì ér
不能乘时而趋利；以之为士，则/不能笃志而
lì xíng tú rán shí xī yú tiān dì zhī jiān shì yī dù ěr
力行；徒然食息于/天地之间，是一蠹⑥耳。
fú tiān dì zhī huà rì xīn zé bù bì gù hù shū bú dù
夫/天地之化，日新/则不敝。故/户枢不蠹，
liú shuǐ bù fǔ chéng bù yù qí cháng ān yě rén zhī xīn yǔ
流水不腐，诚/不欲其常安也。人之/心与
lì hé dú bù rán láo zé sī yì zé yín wù zhī qíng yě
力，何独不然？劳则思，逸则淫，物之情也。
dà yǔ zhī shèng qiě xī cùn yīn táo kǎn zhī xián qiě xī fēn
大禹之圣，且惜寸阴；陶侃⑦之贤，且惜分
yīn yòu kuàng xián shèng bù ruò bǐ zhě hū
阴；又况/贤圣/不若彼者乎？

【注释】

① 治生之道：谋生的正确方法。道，这里指正确的方法。
② 邵子：邵雍，宋代学者。
③ 褕衣：华美的衣服
④ 愒岁：旷废时日。
⑤ 耨：除草。
⑥ 蠹：蛀蚀器物的虫子。
⑦ 陶侃：晋朝人，曾说：“大

【译文】

谋生的正确方法，没有什么比勤劳更重要的了，因此邵雍说：“一天的计划在于早晨的决定，一年的计划在于春天的决定，一生的计划在于勤劳的决定。”这句话虽然说得浅近，意义却很深远啊！无奈一般人的习性，厌恶劳苦而喜好安乐，只顾眼前吃得好、穿得好，贪图安逸，荒废岁月。让他去当农夫，不能把土耕深、

禹惜寸阴，吾人当惜分阴。”

※ 原文选自《清代诗文集汇编》第227册，上海古籍出版社2010年版。

把草除尽；让他去做工人，不能计算日期来求工作的成效；让他去做商人，不能把握时机而追求利润；让他去当读书人，又不能坚定志向努力实践。白白生活在人间，好像一只蛀虫罢了！天地化育万物，因为天天更新所以不会败坏。因此常转动的门轴不会蛀蚀，流动的水不会腐臭，实则是上天不想要万物常常安逸啊！人的思想和力量，不是也一样吗？劳苦了就会用心思考，安逸了就会迷惑昏乱，这是一般人的常情。像大禹那样的圣人，尚且爱惜每一寸的光阴；像陶侃那样贤明的人，尚且爱惜每一分的光阴；又何况才能、智慧都比不上他们的人呢？

【作者简介】

李文炤（1672—1735），清代经学家，湖南善化（今长沙市）人，字元朗，号恒斋。李文炤潜心程朱之学，曾任岳麓书院山长。在教学上，他有一整套的教育方法，续订学规，编订讲义，因材施教，成绩卓著，从游者众多。一生著述宏富，有《周礼集传》（《四库全书存目》）和《家礼拾遗》《春秋集传》《中庸讲义》《恒斋文集》《道德经释》等多种行世。

诵读篇二 《勉学》

北齐 颜之推

【导读】

本文出自《颜氏家训》，作者为南北朝时期北齐文学家颜之推。《颜氏家训》共20篇，是一部系统完整的家庭教育教科书，后世称此书为“家教规范”。

人生百态图

《勉学》这篇文章反复地阐述了作者观点：要注重早期教育和后期勤奋，且学习不能自暴自弃。文章开宗明义：“自古明王圣帝，犹须勤学，况凡庶乎！”任何一个人都需要不断学习。“人生在世，会当有业”，颜之推是一个没有职业偏见的人，他对任何工作职业都平等看待。但他认为作为读书人，就应该去读书，因为读书是一个人实现更大志向的必要条件。

文章后半部分对得到一定地位的人进行劝谏：就算是得到了一官半职，也不要忘记学习，如果不思进取，不知道勤学，那么此前的勤奋也就会化为乌有，只能让自己更加愧疚。

文章内容切实，语言流畅，情感真切，具有一种独特的质朴风格。诵读本文重在理解文义，体会作者告诫后辈的拳拳之心；诵读时语气应舒缓，读出语重心长之感。

【原文】（节选）※

zì gǔ míng wáng shèng dì yóu xū qín xué kuàng fán shù
自古/明王圣帝，犹须/勤学，况/凡庶[1]

hū cǐ shì biàn yú jīng shǐ wú yì bù néng zhèng zhòng liáo
乎！此事/遍于经史，吾亦/不能郑重[2]，聊

jǔ jìn shì qiè yào yǐ qǐ wù rǔ ěr shì dà fū zǐ dì
举/近世切要，以启寤[3]/汝耳。士大夫/子弟，

shù suì yǐ shàng mò bù pī jiào duō zhě huò zhì lǐ zhuàn
数岁已上，莫不被教，多者/或至《礼》《传》，

shǎo zhě bù shī shī lún jí zhì guàn hūn tǐ xìng shāo
少者/不失《诗》《论》。及至冠婚[4]，体性稍

dìng yīn cǐ tiān jī bèi xū xùn yòu yǒu zhì shàng zhě suì néng
定；因此天机，倍须训诱。有/志尚者，遂能/

mó lì yǐ jiù sù yè wú lǚ lì zhě zì zī duò màn
磨砺，以就素业[5]；无/履立[6]者，自兹/堕慢，

便为/凡人。

人生在世，会当有业：农民/则计量耕稼，商贾/则讨论货贿，工巧/则致精器用，伎艺[7]/则沉思[8]法术，武夫/则惯习弓马，文士/则讲议经书。多见士大夫/耻涉农商，差务工伎，射/则不能穿札[9]，笔/则才记姓名，饱食醉酒，忽忽无事，以此销日，以此终年。或因/家世余绪，得/一阶半级，便/自为足，全忘修学[10]；及有/吉凶大事，议论得失，蒙然[11]张口，如坐云雾；公私宴集，谈古赋诗，塞默[12]低头，欠伸而已。有识旁观，代其入地。何惜/数年勤学，长受/一生愧辱哉！

【注释】

① 凡庶：普通百姓

② 郑重：此处是频繁的意思。

③ 启寤：启发提醒。寤，通“悟”，使明白。

④ 冠婚：冠礼和婚礼的合称。古代男子20岁行加冠之礼，称冠礼，表示已成年。

⑤ 素业：清素之业，即士族所从事的儒业。

⑥ 履立：操行。

⑦ 伎艺：有技艺的人。

【译文】

自古以来的贤王圣帝尚且需要勤奋学习，何况是普通百姓呢！这类事情在经籍史书中很普遍，我也不能一一列举，只举近代切要的，来启发提醒你们。现在士大夫的子弟，长到几岁以后，没有不受教育的，学得多的往往读了“三礼”“三传”，少的也起码读了《诗经》和《论语》。到了加冠成婚年纪，体质性情稍稍定型，凭着这天赋的机灵，应该加倍教训引导。他们中有志向的，就能因此受到磨炼，

⑧ 沉思：考虑。

⑨ 札：铠甲的甲叶。

⑩ 修学：研习学业。

⑪ 蒙然：糊涂不明的样子。

⑫ 塞默：默不作声。

※ 原文选自《颜氏家训集解》，中华书局1993年版。

成就士族的事业；没有志向的，从此怠惰，就成为庸人。

人生在世，应当从事一定的工作，农夫则思虑耕田种地，商人则商谈买卖交易，工匠则精造器用，懂技艺的人则钻研方法技术，武夫则练习骑马射箭，文士则讲谈议论经书。我常看到士大夫耻于从事农商，又缺乏从事手工艺方面的本事，让他射箭连一层铠甲也射不透，让他动笔则只能写出姓名，整天饱食醉酒，恍惚空虚，以此来打发日子，以此虚度一生。有的因祖先的功劳，弄到一官半职，就自感满足，全忘学习，遇到吉凶大事，议论得失，就糊里糊涂，如堕云雾之中。在各种公私宴会的场合，别人谈古赋诗，他却像塞住嘴一样，低着头不吭声，只会打呵欠伸懒腰。有见识的人在旁边看到，真替他羞得无处容身。为什么不愿花费几年时间勤学，以致终生都感到惭愧和耻辱呢？

【作者简介】

颜之推（约529—约595），字介，琅琊（今山东省临沂市）人。北齐文学家，任官四朝。他结合自己的人生经历、处世哲学，写成《颜氏家训》一书用以告诫子孙。这是他一生关于士大夫立身、治家、处事、为学的经验总结，在古代家庭教育发展史上有重要的影响。

颜之推

诵读篇三 《勤懒歌》

清 钱德苍

四民乐业

【导读】

这首诗是清代钱德苍辑录的《解人颐①》中的一首。《解人颐》是作者根据坊间流传的三部书籍重新付梓的一本具有教育意义的闲书。编撰者以"解颐"为宗旨，集诗文辞赋、俚语俗谚于一书，其精妙之处，常能令人捧腹。无论陶情遣兴、寄感抒怀，都使人悟出一种豁达乐观的人生主张与超脱气性。它劝人安分随时，怡养天真；谏人淡泊名利，勿纵物欲。今天读来，仍然能起到喻人警世的作用。

书中收录的这首《勤懒歌》，是对古代的"四民"——士、农、工、商劝勤戒懒的。它鼓励社会大众辛勤劳动、艰苦奋斗，把勤劳致富作为一种崇高的美德，体现了我们中华民族的优良传统。

这首白话诗浅显易懂，合辙押韵，读起来朗朗上口。

【原文】（节选）※

为人在世/莫嗜懒，嗜懒之人/才智短。百事由懒/做不成，临老噬脐②/悲已晚。士而懒，终身布衣/不能换；农而懒，食不充肠/衣不暖；工而懒，积聚万贯/成星散。又不见，人生天地/惟在勤，原勤之本/在乎心。若能自强/而不息，先须抖擞/己精神。士而勤，

wàn lǐ qīng yún kě zhì shēn nóng ér qín yíng yíng cāng lǐn chéng hóng
万里青云/可致身；农而勤，盈盈仓廪③/成红
chén gōng ér qín qiǎo shǒu chāo qún néng dòng rén shāng ér qín yāo
陈；工而勤，巧手超群/能动人；商而勤，腰
zhōng cháng chán qiān wàn jīn yī xī yī xī fù yī xī zhǐ zài qín
中常缠/千万金。噫嘻④噫嘻/复噫嘻，只在勤
xī yǔ lǎn xī zhàng fu zhì qì xiān tiān dì nǐ shàng bǎi chǐ gān
兮/与懒兮。丈夫志气/掀天地，拟上/百尺竿
tóu lì bǎi chǐ gān tóu lì bù nán yī qín tiān xià wú nán shì
头立。百尺竿头/立不难，一勤天下/无难事。

【注释】

① 解人颐：笑掉人的下巴颏儿，形容人开怀大笑。解，脱掉。

② 噬脐：用自己的嘴咬自己的肚脐，够不着。比喻后悔也来不及。

③ 仓廪：贮藏米谷的仓库。

④ 噫嘻：叹词，表示赞叹或慨叹。

※ 原文选自《解人颐》，上洋海左书局石印1914年版。

【译文】

人生在世不能贪图懒惰，贪图懒惰的人才智是肤浅的。世上许多事情是因为懒惰才做不成的，到老的时候悔恨也迟了。读书人懒，一辈子就会平庸；农民懒，吃不饱也穿不暖；工匠懒，即使积聚万贯家财也终将失去。生活在天地之间的人在于勤奋，而勤奋的本源发自人的内心。若想要自身强大，永不松懈，就要振作精神。读书人勤奋，就能平步青云；农民勤奋，就会粮仓满满；工匠勤奋，就能技艺超群；商人勤奋，就能腰缠万贯。可叹啊，所有这一切只在于你是勤还是懒。大丈夫顶天立地，想要在百尺竿头昂然挺立，这并不难，只要勤奋，天下就没有难做的事情。

【作者简介】

钱德苍，字沛恩，号慎斋，清代长洲（今江苏苏州）人，生卒不详。清朝曾应科举不第，为人豪放不羁，常流连于酒肆歌楼之场。他爱好和熟悉戏曲艺术，所编选本多具有演出脚本的特点。

第二节　拓展阅读

拓展阅读一　先贤说勤劳

1. 人生在勤，不索何获?

出自东汉张衡的《应闲》。意思是：不勤奋努力去求索、去追求，人生怎么会有收获呢?

2. 业精于勤，荒于嬉；行成于思，毁于随。

出自唐代韩愈的《进学解》。意思是：事业或学业的成功在于奋发努力，勤勉进取。贪玩儿、放松要求便会一事无成。做人行事，必须谨慎思考，考虑周详才会有所成就。只知道人云亦云、随大流，就会导致失败。

3. 读书勤乃有，不勤腹空虚。

出自唐代韩愈的《符读书城南》。意思是：勤读诗书才能有所收获，不勤奋读书肚子里就是空的。

4. 忧劳可以兴国，逸豫可以亡身。

出自宋代欧阳修的《新五代史·伶官传序》。意思是：忧虑勤劳可以使国家和自身兴盛强大，贪图安逸享乐就会国破身亡。告诫人们不能贪图安逸，要想成就事业必须勤劳辛苦。

5. 学必穷日夜磨砥刻厉，久而后有得焉。

出自明代李东阳的《成斋记》。意思是：人只有刻苦努力，才能有所得。

6. 富贵本无根，尽从勤里得。

出自明代冯梦龙的《醒世恒言》。意思是：富贵本身并不是固定的，是通过辛勤劳动得来的。

7. 贫无可奈惟求俭，拙亦何妨只要勤。

出自清代王永彬的《围炉夜话》。意思是：贫困到了无法避免的时候，那也只有依靠节俭来度过困境；禀赋上比较笨拙也没有什么关系，只要肯勤奋学习，仍然可以补不足。

8. 治事以勤为贵。能勤，则事剧亦暇，暇自心清。不勤，则事简亦忙，忙先神乱。

出自清代汪辉祖的《学治臆说》。意思是：做事以勤奋最为珍贵。如果能做到勤奋，事情再多也会有空闲，有了空闲自然心情清和；不勤奋，事情再少也会忙乱，一忙乱精神也就会跟着混乱。

拓展阅读二　悬梁刺股

悬梁刺股是形容刻苦读书的成语。东汉时，有个人名叫孙敬。他年轻时孜孜不倦，勤奋好学，经常关起门独自一人不停地读书。每天从早到晚，废寝忘食，但到了三更半夜的时候就容易打瞌睡。为了不影响学习，孙敬想出了一个特别的办法。古时候男子的头发很长，他就找了一根绳子，一头牢牢地绑在房梁上，一头绑在头发上。当他读书疲劳打瞌睡了，头一低，绳子就会牵住头发扯痛头皮，他马上就清醒了，再继续读书学习。这就是孙敬悬梁苦读的故事。

悬梁苦读

战国时期的苏秦家境贫寒，他年轻的时候，学问不多，到很多地方做事都不受重视。他灰心地回到家中，没想到家人也对他很冷淡。于是他下定决心发愤图强努力读书。由于经常读书到深夜，很疲倦，常打盹犯困，他也想出了一个方法。他准备了一把锥子，一打瞌睡，就用锥子往自己的大腿上刺一下。猛然间感到疼痛，这样使自己清醒起来，再坚持读书。这就是苏秦“锥刺股”的故事。

第三节　人生感悟

闻鸡起舞

读有所悟　天才出于勤奋

华罗庚先生有一句名言：“勤能补拙是良训，一分辛苦一分才。”一分耕耘，一分收获。勤奋是一个人重要的品质，技能学习不能一蹴而就，要增强勤学苦练的意识，懒惰懈怠、马马虎虎是不能取得成功的。上天给予了每个人不同的天分，只有勤奋才能化天分为大成。只有下得苦功夫，才能求得真学问；只有实实在在地努力，勤勤恳恳地付出，才能有所收获。学之道贵在勤奋、贵在钻研、贵在有恒，我们要养成勤于学习、敏于求知的好习惯，不要为自己一时的不足感到自卑。人不是一朝一夕就能像蝴蝶一般蜕变的，只有努力，才能给成长的翅膀添上完美的一笔。

知行合一　温故知新，学以致用

1. 温故知新

请熟读每课原文并记住下面名言。

① 治生之道，莫尚乎勤。

② 自古明王圣帝，犹须勤学，况凡庶乎！

③ 一勤天下无难事。

2. 见德思齐

① 请编写一句属于你的关于天道酬勤的座右铭。

② 你所知道的勤能补拙的故事有哪些。

3. 学以致用

① 勤奋对你的职业生涯将有什么积极作用?

② 在未来的职业发展中，你将从以下几方面培养自己的勤奋精神?

4. 与人为善

这一周你做了哪些有意义的事？请记录下来，让行善成为习惯。

修德篇

中国是崇尚伦理、厚德载物的礼仪之邦，千百年来延续并保持着优良的道德传统，其中以仁、义、礼、智、信、忠、孝、节、勇、和等为代表的传统美德，构成了中华民族的精神特质，使中华民族虽历经磨难却始终保持着自强不息的生机与活力。那些经过历史积淀而流传下来的道德经典，承载着中华民族的“根”与“魂”，蕴含着做人做事的大道至理。经常诵读这些典籍，民族的正气、家国的情怀、做人的操守，会无声地渗入我们的灵魂深处。

本篇从众多有关修德的文化典籍中撷取精华，分为“明德知礼”“孝亲尊师”“仁爱友善”“真诚守信”“洁身自爱”五部分内容让大家诵读。这些经典名篇告诉大家，“国无德不兴，人无德不立”，只有明大德、守公德、严私德，其才方能用得其所。

子曰：“德不孤，必有邻。”让我们从现在开始，从自己开始，在实际生活中做一个有德之人，用丰厚的人文底蕴提升自己的职业素养，成就未来多彩的人生。

第4课　明德知礼

第一节　诵读名篇

诵读篇一　《大学之道》

春秋　曾参

【导读】

本文出自《大学》，题目为编者所加，原为《礼记》第四十二篇，南宋时朱熹将其摘出，作为“四书”之一。本文是《大学》的开篇，集中阐述了儒家关于教育的宗旨、步骤及作用，鲜明地体现了儒家学派“内圣外王”的人格理想。

文章的开头，概括了“大学”教育的基本宗旨，即以“明明德”“亲民”和“止于至善”为内容的所谓“三纲领”。“明明德”，强调的是自我的道德完善；“亲民”，强调的是推己及人的道德感化作用；“止于至善”，则强调的是为善不已、守善不渝的道德境界。它以道德的修养为教育的首要内容，以道德的完美为教育的最高目标，体现了自殷周以来逐渐形成并

杏园雅集图

为儒家学派所发扬光大的重德思想。

第二节反复论述了修养的步骤及其实践结果，即所谓“八条目”。自“格物”“致知”至“诚意”“正心”“修身”都是在讲教育的根本，即自我道德的修养；自“齐家”“治国”至“平天下”，则是这内在道德修养的外化展开。将这八条合而观之，正是“内圣外王”的人格理想的最佳表述，它凝聚了儒家学派关于人生与社会、道德与政治等问题的思想精髓，表达了完善自我并改造社会的强烈愿望，也因此成为有志之士用以自励并为之奋斗的人生目标。

本文使用了大量排比和蝉联句法，形成了一种环环相扣的逻辑感和不容置疑的雄辩气势，有“顺势而下”的行文特征，诵读时语气要恳切。

【原文】（节选）※

dà xué zhī dào zài míng míng dé zài xīn mín zài
大学之道①，在/明/明德②，在/亲民③，在/
zhǐ yú zhì shàn zhī zhǐ ér hòu yǒu dìng dìng ér hòu néng jìng jìng
止于至善。知止④/而后有定；定/而后能静；静/
ér hòu néng ān ān ér hòu néng lǜ lǜ ér hòu néng dé wù yǒu
而后能安；安/而后能虑；虑/而后能得。物/有
běn mò shì yǒu zhōng shǐ zhī suǒ xiān hòu zé jìn dào yǐ
本末，事/有终始。知所先后，则/近道矣。

gǔ zhī yù míng míng dé yú tiān xià zhě xiān zhì qí guó yù
古之/欲明明德于天下者，先/治其国；欲/
zhì qí guó zhě xiān qí qí jiā yù qí qí jiā zhě xiān
治其国者，先/齐其家⑤；欲/齐其家者，先/
xiū qí shēn yù xiū qí shēn zhě xiān zhèng qí xīn yù zhèng
修其身；欲/修其身者，先/正其心；欲/正
qí xīn zhě xiān chéng qí yì yù chéng qí yì zhě xiān zhì qí
其心者，先/诚其意；欲/诚其意者，先/致其
zhī zhì zhī zài gé wù wù gé ér hòu zhī zhì zhī zhì
知⑥；致知/在格物⑦。物格/而后知至，知至/
ér hòu yì chéng yì chéng ér hòu xīn zhèng xīn zhèng ér hòu shēn xiū
而后意诚，意诚/而后心正，心正/而后身修，
shēn xiū ér hòu jiā qí jiā qí ér hòu guó zhì guó zhì ér hòu
身修/而后家齐，家齐/而后国治，国治/而后
tiān xià píng
天下平。

【注释】

① 大学之道：大学的宗旨。“大学”一词在古代有两种含义：一是“博学”的意思；二是相对于小学而言的“大人之学”。“道”的本义是道路，引申为规律、原则等。

② 明明德：前一个“明”作动词，即“使彰明”，也就是发扬、弘扬的意思；后一个“明”作形容词，明德也就是光明正大的品德。

③ 亲民：程颐说“亲”当作“新”，即革新、弃旧图新。朱熹在《大学章句》中直接将“亲”当“新”，“新者，革其旧之谓也。”亲民，也就是新民，使人弃旧图新、去恶从善。王阳明则沿用古法，认为“亲民”更为恰当。此处解释沿用朱熹的说法。

④ 知止：知道目标所在。

⑤ 齐其家：管理好自己的家庭或家族，使家庭或家族和和美美，蒸蒸日上，兴旺发达。

⑥ 致其知：使自己获得知识。

⑦ 格物：认识、研究万事万物。

※ 原文选自《礼记正义》卷六十，北京大学出版社2000年版。

【译文】

大学的宗旨在于弘扬光明正大的品德，在于使人弃旧图新，在于使人达到最完善的境界。知道要达到的境界才能够志向坚定；志向坚定才能够镇静不躁；镇静不躁才能够心意安定；心意安定才能够思虑周详；思虑周详才能够有所收获。每样东西都有根本、有枝末，每件事情都有开始、有终结。明白了这本末始终的道理，就接近事物发展的规律了。

古代那些想在天下弘扬光明正大品德的人，先要治理好自己的国家；要想治理好自己的国家，先要管理好自己的家庭和家族；要想管理好自己的家庭和家族，先要修养自身的品性；要想修养自身的品性，先要端正自己的心思；要想端正自己的心思，先要使自己的意念真诚；要想使自己的意念真诚，先要使自己获得知识；获得知识的途径在于认识、研究万事万物。通过对万事万物的认识、研究后才能获得知识；获得知识后意念才能真诚；意念真诚后心思才能端正；心思端正后才能修养品性；品性修养后才能管理好家庭和家族；管理好家庭和家族后才能治理好国家；治理好国家后天下才能太平。

【作者简介】

曾子

曾子（前505—前435），姓曾，名参（cān），字子舆，春秋末年生于鲁国（今山东省平邑县）。十六岁拜孔子为师，勤奋好学，颇得孔子真传。曾子积极推行儒家主张，传播儒家思想。他“修齐治平”的政治观、“内省慎独”的修养观、“以孝为本”的孝道观影响中国两千多年，至今仍具有极其宝贵的社会意义和实用价值。著述有《大学》《孝经》等，后世尊他为“宗圣”。

诵读篇二 《大道之行》

西汉　《礼记》

【导读】

本文是《礼记·礼运》开头部分的一段话，题目为编者所加。这段文字呈现了儒家的理想，描述了孔子心目中完善的社会治理场景。

第一句话是对大同社会的纲领性说明；第二、三句话是大同社会的基本特征，人人都能得到社会的关爱，人人都能安居乐业，货尽其用，人尽其力；第四句话是全文的总结语，用现实社会和理想中的大同社会做对比，指出现实社会中的诸多黑暗现象，在大同社会中将不复存在，取而代之的将是“外户而不闭”的和平、安定的局面。

太平燕居图

本篇选文虽然只有107个字，却字字珠玑，有理、有力地诠释着礼仪之威严，把以天下为己任、以仁德为核心、以孝悌为宗旨、以人伦为基准的中华民族传统文化揭示得明晰深邃，折射出五千年文明的礼仪之光。

文章语言气势宏大，句式排比自然，给人以高屋建瓴之感，诵读时要大气，沉稳平和。文章首句是统领，末句是结论，中间经过几轮承接，诵读时要体现出这种文气的变化与流动。

【原文】（节选）※

dà dào zhī xíng yě tiān xià wéi gōng xuǎn xián jǔ néng
大道之行也，天下/为公，选贤/与能①，

jiǎng xìn xiū mù gù rén bù dú qīn qí qīn bù dú zǐ
讲信/修睦②。故/人不独/亲③其亲，不独/子

qí zǐ shǐ lǎo yǒu suǒ zhōng zhuàng yǒu suǒ yòng yòu yǒu suǒ
其子，使/老有所终，壮/有所用，幼/有所

zhǎng guān guǎ gū dú fèi jí zhě jiē yǒu suǒ yǎng nán
长，矜、寡、孤、独、废疾者④/皆有所养，男

yǒu fèn nǚ yǒu guī huò wù qí qì yú dì yě bù bì
有分⑤，女有归⑥。货/恶⑦其弃于地也，不必/

cáng yú jǐ lì wù qí bù chū yú shēn yě bù bì wèi jǐ
藏于己；力/恶其不出于身也，不必/为己。

shì gù móu bì ér bù xīng dào qiè luàn zéi ér bù zuò gù
是故/谋闭/而不兴，盗窃/乱贼而不作，故/

wài hù ér bù bì shì wèi dà tóng
外户/而不闭，是谓/大同⑧。

【注释】

① 选贤与能：把品德高尚的人、能干的人选拔出来。与，通“举”。

② 讲信修睦：讲求诚信，培养和睦（气氛）。

③ 亲：用作动词，以……为亲。下文“子其子”中的第一个“子”也是动词。

④ 矜、寡、孤、独、废疾者：

【译文】

当大道得以施行的时候，天下是人们所共有的。大家选举有贤德与有才能的人来管事，讲求信义，教人团结和睦。所以人们不单孝敬自己的父母，不单爱护自己的子女，还使社会上的老年人得以安享天年；壮年人能发挥所长，贡献社会；儿童能好好地成长起来；使鳏夫、寡妇、孤儿、没有子女的老人家，以至残疾人，都能

矜，通“鳏”，老而无妻的人；寡，老而无夫的人；孤，幼而无父的人；独，老而无子的人；废疾，残疾人。

⑤ 男有分：男子有职务。分，指职业。

⑥ 女有归：意思是女子有归宿。归，指女子出嫁。

⑦ 恶：憎恨、憎恶。

⑧ 大同：指理想社会。

※ 原文选自《礼记正义》卷二十一，北京大学出版社2000年版。

得到照顾，使得男子都有适当的工作，女子都有归宿。人们憎恨把财物扔在地上的行为，却不一定要自己私藏；也憎恨那种不出力工作的行为，而并非为自己私利而劳动。这样的话，社会上就不会再有阴谋诡计的发生，也不会有抢劫、偷窃和作乱的事发生了。因此，人们也不用关上门来彼此防范，这就叫作理想社会。

【典籍简介】

《礼记》是儒家经典之一，大约是战国末年至秦汉年间儒家学者托名孔子答问的著作。其作者不止一人，写作时间也有先有后，其中多数篇章可能是孔子弟子及其学生们的作品，还兼收先秦的其他典籍。《礼记》是研究中国古代社会情况、典章制度和儒家思想的重要著作，它阐述的思想，涉及社会、政治、伦理、哲学、宗教等各个方面，其中《大学》《中庸》《礼运》等篇有较丰富的哲学思想。

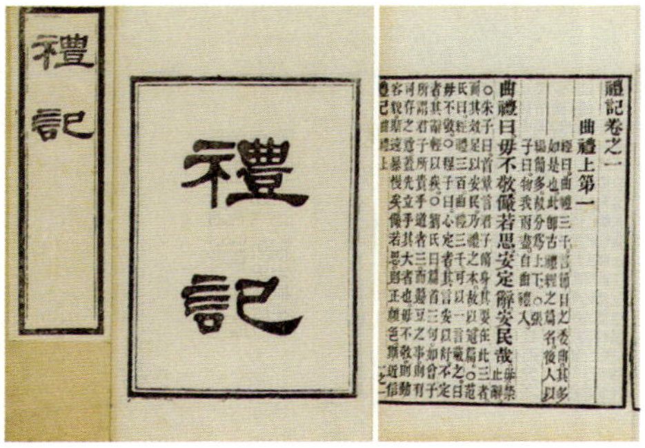

礼记

诵读篇三 《人无礼不生》

战国 荀况

【导读】

本文出自《荀子·大略篇》，因为《大略篇》言论涉及内容十分广泛，难以用某一词语来概括，而这些言论从总体上来看大都比较概括简要，所

行礼图

以把它总题为“大略”。

本文主要是关于“礼”的谈论，题目为编者所加。文中荀子对于礼的重要性做了非常深刻的论述。在荀子看来，礼不仅是人的立身之本，也是社会长治久安的政治基础。对于个人来说，在容貌、仪态方面，有礼就雍容儒雅，无礼则庸俗粗野。礼就是人应该走的正道，如果偏离，必定会“颠蹶陷溺”，陷于不可测的危险境地。礼对于国家来说，就是权衡、绳墨、是非曲直的标准，是国家安宁与否的关键。

选文虽短，却切中肯綮，比喻的修辞手法说理透彻，结尾层层递进。诵读时要读出格言的味道，注意语句结构及语气的加强。

【原文】※

礼者，人之所履①也。失所履，必/颠蹶陷溺②，所失微/而/其为乱大者，礼也。

礼/之于正国家也，如/权衡③之于轻重也，如/绳墨之于曲直也。故/人/无礼不生，事/无礼不成，国家/无礼不宁。

【注释】

① 履：含义双关，字面上表示踩，指立足；实际上表示履行，指遵照执行。

② 颠蹶陷溺：含义双关，字面上表示跌倒陷落沉没；实际

【译文】

礼，是人立身处事必须遵照执行的基本原则。人如果失去了立身之地，就一定会跌倒沉沦，陷入危难之中。只要稍微有偏差，就会导致巨大的祸乱，这就是礼的作用。

上表示受挫折陷于危难。

③ 权衡：称量物体轻重的器具。权，秤锤。衡，秤杆。

※ 原文选自《荀子集解》，中华书局1988年版。

【作者简介】

见前篇《劝学》。

礼对于整治国家，就像秤对于轻重一样，就像墨线对于曲直一样。所以人不懂得礼就不能在社会上生存，办事情不懂得礼就不能办成，天下没有礼就不得安宁。

第二节 拓展阅读

拓展阅读一 先贤说礼

1. 勿以恶小而为之，勿以善小而不为。惟贤惟德，能服于人。

出自《三国志 · 蜀书 · 先主传》。意思是：不要认为坏事小就去做，不要认为好事小就不去做。只有贤德的才能，才能让人佩服和臣服。

2. 君子欲讷于言而敏于行。

出自《论语 · 里仁》。意思是：君子说话要谨慎，做事则要雷厉风行。

3. 从善如登，从恶如崩。

出自《国语 · 周语下》。意思是：学习美好的东西，就像登山一样，很不容易；学习不好的行为，就像山崩一样迅速。

4. 礼尚往来。往而不来，非礼也；来而不往，亦非礼也。

出自《礼记 · 曲礼上》。意思是：礼所崇尚的是彼此之间要相互往来。有往而无来，不符合礼数，有来而无往，也不符合礼数。

5. 凡人之所以贵于禽兽者，以有礼也。

出自《晏子春秋·内篇谏上》。意思是：人之所以比鸟禽走兽高贵，是因为有礼（的存在）。

6. 不学礼，无以立。

出自《论语·季氏》。意思是：不学会礼仪礼貌，就难以有立身之处。

7. 夫人必知礼然后恭敬，恭敬然后尊让。

出自《管子·五辅》。意思是：人一定要懂得礼以后才能产生恭敬之心，产生恭敬之心以后才能有所尊敬，有所礼让。

8. 国尚礼则国昌，家尚礼则家大，身尚礼则身修，心有礼则心泰。

出自《颜元集·习斋记余》。意思是：国家有礼仪则昌盛，家族有礼仪则强大，自身崇尚礼仪就会行为端正，心中有礼仪则泰然自若。

曾子避席

拓展阅读二　曾子避席

曾子是孔子的弟子。有一次他在孔子身边侍坐，孔子就问他："以前的圣贤之王有至高无上的德行，精要奥妙的理论，用来教导天下的百姓，人们就能和睦相处，其乐融融，君臣之间也没有什么不满。你知道它们是什么吗？"曾子听了，立即从跪坐的席子上站起来，走到席子外面，恭恭敬敬地行礼，说："我不够聪明，哪里能知道这些道理？还请老师教我。"

先秦时期古人没有凳子，都是席地而坐，即在地面铺上席子然后跪坐。在这里，"避席"是一种非常礼貌的行为，表示对老师的尊重。曾子避席的故事被后人传颂，很多人都向他学习。

第三节　人生感悟

读有所悟　品德成就人生

孝亲图

道德，是人的内在修为和精神支柱；礼仪，是人的整体形象和精神风貌。我国五千多年来的悠久历史与传统文明，孕育了礼、义、廉、耻、忠、孝、仁、爱等道德纲常，这些精神食粮滋养着一代又一代的中华儿女，使得中华民族成为一个谦恭礼让的礼仪之邦。

“不学礼，无以立”，“礼”是一个人立身行事最为基本的东西。为人要知礼懂礼，做事要有礼有节。一个有礼貌的人，不仅能做到尊重别人，也能得到别人的尊重。作为一名年轻学子，了解礼仪、学习礼仪、实践礼仪，对个人成长有着不可估量的益处。我们应身负起传承文化的使命，努力做一个明德知礼、高素质、高品位的人。

知行合一　温故知新，学以致用

1. 温故知新

请熟读每课原文并记住下面名言。

① 大学之道，在明明德，在亲民，在止于至善。

② 大道之行也，天下为公。

③ 人无礼不生，事无礼不成，国家无礼不宁。

2. 见德思齐

① 你最喜欢的关于礼的名句是什么？

② 谁是你心中的道德模范?

③ 请编写一句属于自己的关于提高道德修养的座右铭。

3. 学以致用

① 你知道你未来从事的职业有哪些职业礼仪?

② 对照这些职业礼仪规范，你现在最需要改进哪些方面?

4. 与人为善

这一周你做了哪些有意义的事? 请记录下来，让行善成为习惯。

第5课　孝亲尊师

第一节　诵读名篇

诵读篇一《孝，德之本》

春秋　《孝经》

【导读】

本文出自《孝经·开宗明义章第一》，题目为编者所加。开宗明义，阐述本书宗旨，说明孝道的义理。作为《孝经》全文的开启，本章具有纲领作用，对孝的意义、内容和表现形式都做了扼要的概括。

《孝经》是教育子女孝敬父母长辈的中华传统文化经典，古代圣贤和历代帝王都把它作为“修身齐家治国平天下”的课本来教育子弟。“孝”，是儒家伦理道德的核心之一，也是中华民族的传统美德，“百善孝为先”这句流传了千百年的话表明，孝敬父母在各种美德中是极其重要的。

篇末引文出自《诗经·大雅·文王》，以周公的话作比，指出人们不但不能忘记祖先的德行，而且要进一步地发扬，这样做，才算尽了孝道。

本文以通俗易懂且严谨的语言，深入浅出地将《孝经》宗旨揭示得生动明确。节选篇幅虽短，但内容丰富，寓意深刻，韵律和谐，节奏感强。诵读中要读出韵

贤母图

味，体现节奏之美、情感之美。

【原文】（节选）※

子曰：夫①孝，德/之本也，教/之所由生也②。……身体发肤，受之父母，不敢毁伤，孝/之始也。立身行道，扬名于后世，以显父母，孝/之终也。夫孝，始于事亲③，中于事君④，终于立身⑤。《大雅》⑥云："无念尔祖，聿修厥德⑦。"

【注释】

① 夫：句首发语词，没有具体的含义。

② 教之所由生也：古有"五教"之说，即：教父以义，教母以慈，教兄以友，教弟以恭，教子以孝。儒家学者认为，孝是一切道德的根本，一切教育的出发点。

③ 始于事亲：以侍奉双亲为孝行之始。

④ 中于事君：以为君王效忠、服务为孝行的中等阶段。

⑤ 终于立身：以建功扬名、光宗耀祖为孝行之终。

⑥《大雅》：《诗经》的一个组成部分，主要是西周官方的音乐诗歌作品。

【译文】

孔子说：孝，它是一切德行的根本，所有品行的教化都是由孝行派生出来的。一个人的身体、四肢、毛发、皮肤，都是从父母那里得来的，所以要特别地加以爱护，不敢损坏伤残，这是孝的开始，是基本的孝行。一个人要建功立业，遵循天道，扬名于后世，使父母荣耀显赫，这是孝的终极目标。孝，从侍奉父母做起，然后是效忠君王，最终则要建树功绩，成名立业。《大雅》里说："要记住你的祖先并追述和践行他们留传下来的美德。"

⑦ 无念尔祖，聿修厥德：这是《诗经·大雅·文王》中的一段话。无，语助词，无义。念，怀念、念念不忘。尔祖，你的祖先，诗中指文王。聿，句首语气语。修，修养。厥，代词，与“其”相似。意思是：要记住你的祖先，并追述和践行他们留下来的美德。

※ 原文选自《孝经注疏》卷一，北京大学出版社2000年版。

【典籍简介】

《孝经》是一部专门论述孝道与孝治的儒家经典著作，传说是孔子所作。它以“孝”为中心，通过孔子与其门人曾参谈话的形式，对孝的价值、意义、作用以及实行“孝”的要求和方法等问题进行了集中的阐述，是一部儒家关于孝的系统化著作。《孝经》共分十八章，全文不足两千字，是十三经中篇幅最短的一部，却对古代中国人的思想产生了巨大而深远的影响，不但尽人皆知，而且把它当作道德规范和行为准则，对传播社会伦理和维护社会秩序起了很大的作用。历代王朝无不标榜“以孝治天下”。《孝经》在唐代被尊为经书，唐玄宗曾亲自为《孝经》作注，南宋以后被列为十三经之一。

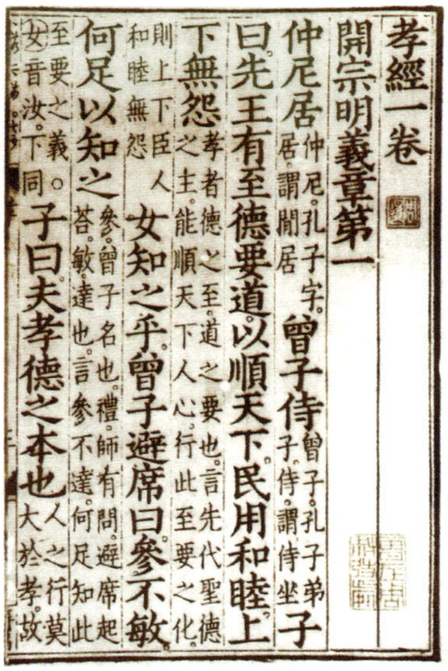
孝經一卷
開宗明義章第一
仲尼居仲尼孔子字居謂閒居曾子侍曾子孔子弟子侍謂侍坐子
曰先王有至德要道以順天下民用和睦上
下無怨孝者德之至道之要也言先代聖德之主能順天下人心行此至要之化
則上下臣人和睦無怨女知之乎曾子避席曰參不敏
何足以知之參曾子名也禮師有問避席起荅敏達也言參不達何足知此
至要之義女音汝下同子曰夫孝德之本也人之行莫大於孝故

《孝经》书影

诵读篇二 《蓼莪》

先秦 《诗经》

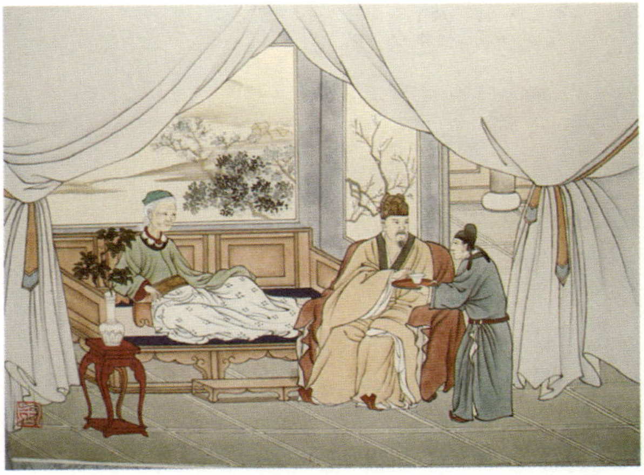

亲尝汤药

【导读】

这首诗出自《诗经·小雅》，是一篇悼念父母恩德、抒发失去父母的孤苦之情和因未能终养父母而深感遗憾的诗。

《蓼莪》是悼念父母的祭歌，对后世影响极大。本诗分三层意思：第一层写父母生养儿子的辛苦劳累；第二层写儿子失去双亲的痛苦和父母对儿子的深爱；第三层抒写遭遇不幸。

本诗开始以丛丛莪蒿摇曳兴起心中苦涩的悲悼之情，抒发诗人失去父母的孤苦之情和不能终养父母的痛极之情。之后诗人一连用了生、鞠、拊、畜、长、育、顾、复、腹九个动词和九个“我”字，情真意切，不厌其烦，如哭诉一般，直颂父母恩德，充分表达“无父何怙，无母何恃”的孝子之思以及失去父母后，“出则衔恤，入则靡至”的失落感，并发出“鲜民之生，不如死之久矣”的呼天抢地的呼号。末尾又是景象描绘，用南山高大比喻父母的恩德，用风的吹拂写孝子的悲苦，情景交融，虚实相衬，充分表达了诗人真挚的情感，给人无限想象的空间。赋比兴交替使用是本诗写作的一大特色，三种表现方法灵活运用，前后呼应，情绪起伏跌宕，回旋往复，艺术感染力非常强烈。

本诗是以充沛情感表达孝敬父母这一中华美德的文学作品，根据史籍记载，古人诵读此诗时，往往会痛泣不止。诵读这首诗前，要充分把握诗歌内容，理解诗歌情感，读时速度要慢一些，要注意复沓部分语调稍高，以凸显韵律的回环之美，体会入声字的顿挫所带来的哽咽之音。

【原文】※

lù lù zhě é　fěi é yī hāo　āi āi fù mǔ　shēng wǒ qú láo

蓼蓼者莪①，匪莪伊蒿②。哀哀父母，生我劬劳③。

lù lù zhě é　fěi é yī wèi　āi āi fù mǔ　shēng wǒ láo cuì

蓼蓼者莪，匪莪伊蔚④。哀哀父母，生我劳瘁。

píng zhī qìng yǐ　wéi léi zhī chǐ　xiǎn mín zhī shēng　bù rú sǐ zhī jiǔ yǐ

瓶之罄⑤矣，维罍⑥之耻。鲜民⑦之生，不如死之久矣。

wú fù hé hù　wú mǔ hé shì　chū zé xián xù　rù zé mí zhì

无父何怙⑧？无母何恃？出则衔恤⑨，入则靡至。

fù xī shēng wǒ　mǔ xī jū wǒ　fǔ wǒ xù wǒ　zhǎng wǒ yù wǒ

父兮生我，母兮鞠⑩我，拊⑪我畜我，长我育我。

gù wǒ fù wǒ　chū rù fù wǒ　yù bào zhī dé　hào tiān wǎng jí

顾我复我⑫，出入腹⑬我，欲报之德，昊天罔极⑭！

nán shān liè liè　piāo fēng bō bō　mín mò bù gǔ　wǒ dú hé hài

南山烈烈⑮，飘风发发⑯。民莫不穀⑰，我独何害！

nán shān lù lù　piāo fēng fú fú　mín mò bù gǔ　wǒ dú bù zú

南山律律⑱，飘风弗弗⑲。民莫不谷，我独不卒⑳！

【注释】

① 蓼蓼者莪：蓼蓼，长又大的样子。莪，一种草，即莪蒿。

② 匪莪伊蒿：匪，通“非”。伊，是。

③ 劬劳：与下章“劳瘁”皆劳累之意。

④ 蔚：一种草，即牡蒿。

⑤ 瓶：汲水器具。罄，尽。

⑥ 罍：盛水器具。

⑦ 鲜民：鲜，指寡、孤。民，人。

⑧ 怙：依靠。

⑨ 衔恤：含忧。

⑩ 鞠：养。

⑪ 拊我畜我：拊，通“抚”。

【译文】※※

看那莪蒿长得高，却非莪蒿是散蒿。可怜我的父母，抚养我太辛劳！

看那莪蒿相依偎，却非莪蒿只是蔚。可怜我的父母，抚养我太劳累！

汲水瓶儿空了底，装水坛子真羞耻。孤独活着没意思，不如早点就死去。

没有父亲何所靠？没有母亲何所依？出门行走心含悲，入门茫然不知止。

父亲呀你生下我，母亲呀你喂养我。你们护我疼爱我，养我长大培育我，想我不愿离开我，出入家门怀抱我。想报父母大恩德，老天降祸难预测！

南山高峻难逾越，飙风凄厉令

畜，通“慉”，喜爱。

⑫ 顾我复我：顾，顾念。复，返回，指不忍离去。

⑬ 腹：指怀抱。

⑭ 昊天罔极：昊天，广大的天。罔，无。极，准则。

⑮ 烈烈：通“颲颲”，山高险阻的样子。

⑯ 飘风发发：飘风，通“飙风”。发发，读如“拨拨”，风声。

⑰ 穀：赡养、养育。

⑱ 律律：同“烈烈”，山高大的意思。

⑲ 弗弗：同“发发”，风猛烈的意思。

⑳ 卒：终，指养老送终。

※ 原文选自《毛诗正义》，北京大学出版社2000年版。

人怯。人都能赡养父母，独我为何遭此劫？

南山高峻难迈过，飙风凄厉人哆嗦。人都能赡养父母，不能终养独是我！

※※ 选自《诗经译注》，中华书局1985年版，略有修改。

【典籍简介】

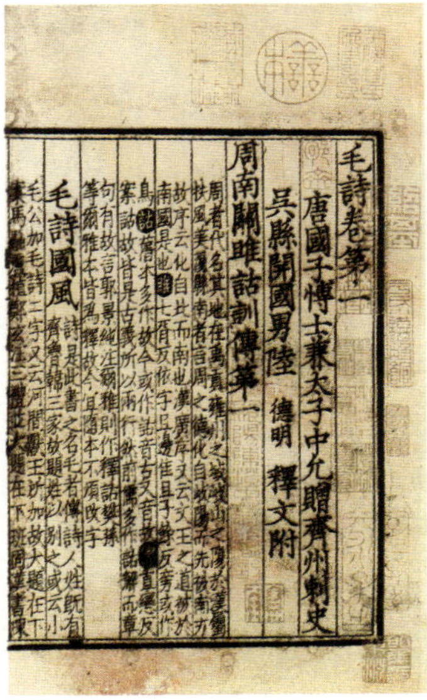

《诗经》书影

《诗经》是中国古代诗歌的开端，是最早的一部诗歌总集，收集了西周初年至春秋中叶（前11世纪—前6世纪）的诗歌，现存305篇（此外有目无诗的6篇，共311篇），反映了周初至周晚期约五百年间的社会面貌。

《诗经》的绝大部分作者已无法考证，传为尹吉甫（前852—前775）采集，孔子编订。《诗经》在先秦时期称为《诗》，或取其整数称《诗三百》。至汉武帝时，被尊为儒家经典，成为《五经》之一，始称《诗经》，并沿用至今。《诗经》在内容上分为《风》《雅》《颂》三个部分。《风》是周代各地的歌谣；《雅》是周人的正声雅乐，又分《小雅》和《大雅》；《颂》是周王庭和贵族宗庙祭祀的乐歌，又分为《周颂》《鲁颂》和《商颂》。

《诗经》内容丰富，反映了劳动与爱情、战争与徭役、压迫与反抗、风俗与婚姻、祭祖与宴会，甚至天象、地貌、动物、植物等方方面面，是周代社会生活的一面镜子。孔子曾概括《诗经》宗旨为“无邪”，并教育弟子读《诗经》以作为立言、立行的标准。先秦诸子在说理论证时，多引述《诗经》中的句子以增强说服力。

诵读篇三 《尊师重道》

战国 《吕氏春秋》

【导读】

本篇出自《吕氏春秋·劝学》，主要讲述了尊师学习的重要性。中国有悠久的尊师重道传统，在中华几千年的历史中，“师”总是受人尊敬，被人爱戴。

子路侍师问津图

尊师与重教，是《吕氏春秋》教育思想中两个重要的组成部分，重教贵先尊师，尊师意在重教。中国有句古话“一日为师，终身为父”，由此即可看出古人对老师的尊敬。《吕氏春秋》的作者对尊师重道的认识比前人更为精深，因此说“古之圣王未有不尊师者也”，“故师之教也，不争轻重尊卑贫富，而争于道”，正是对道的执着追求才使人们对“师”仰之弥高。

《吕氏春秋》在积极倡导尊师不论贵贱的同时还主张师教“不争轻重尊卑”，无论学生的门第品位如何，老师都不应计较，而应把着眼点放在被教者是否能够接受道义上面。这一思想也体现了儒家传统“有教无类”的教育思想。

本篇文风平实畅达，语言朴素恳切，逻辑清晰严谨，其遣词用语褒贬分明，层层深入。全篇综合运用了反复、顶真、层进、对比等修辞手法，这既造成强烈充沛、生动流畅的气势，亦增强了文章的感染力，诵读时要注意体会、领悟其语言特点。

【原文】（节选）※

学者①/师达②而有材，吾/未知其不为圣人。圣人/之所在，则/天下理③焉。在右/则右重，在左/则左重④，是故/古之圣王/未有不尊师者也，尊师/则不论其贵贱贫富矣。若此/则名号显矣，德行彰矣。

故/师之教也，不争⑤/轻重尊卑贫富，而争於道。其人/苟可，其事/无不可。所求尽得，所欲尽成，此/生於得圣人。圣人/生於疾学，不疾⑥学/而能为/魁士名人者，未之/尝有也。

【注释】

① 学者：从事学习的人。

② 达：知识通达。

③ 理：治理、整治。

④ 在右则右重，在左则左重：左、右，附近、两旁。

⑤ 争：争着，力求获得或达到，这里可译成计较或看重。

⑥ 疾：急速、迅猛、敏捷，这里可译为努力。

【译文】

从事学习的人，如果他的老师通达而有才华，我没听说过这样的学生成不了圣人的。圣人存在的地方，天下就可以被治理。圣人在这个地方则在这个地方被敬重，圣人在那个地方则在那个地方被敬重，所以古代贤能的君主没有不尊敬老师的，尊师就不计较他的贵贱、贫富。如果做到这样，就能使声名显达，品德行为受到表彰。

所以老师对学生的教化，不在于

学生的贫贱、富贵，而在于学生的思想态度。一个人可以做到这样，其他的事就没什么不可办的了，所要办的事都可完成，所希望的都可实现，这是由于得到圣人教化的原因。圣人来自努力学习，我还没听说过不努力学习却能成为才华出众的人这种事。

※ 原文选自《吕氏春秋集释》卷四，中华书局2009年版。

【典籍简介】

《吕氏春秋》是在秦国丞相吕不韦的主持下，集合门客们编撰的一部杂家名著，全书共160篇，成书于秦始皇统一六国前夕。吕不韦自己认为其中包括了天地万物古往今来的事理，所以称之为《吕氏春秋》。《吕氏春秋》是中国历史上第一部有组织、按计划编写的类书，上应天时，中察人情，下观地利，以道家思想为基调，坚持无为而治的行为准则，用儒家伦理定位价值尺度，吸收墨家的公正观念、名家的思辨逻辑、法家的治国技巧，加上兵家的权谋变化和农家的地利追求，形成一套完整的国家治理学说，可以说熔诸子百家学说为一炉，闪烁着博大精深的智慧之光。吕不韦想以此作为大一统后统治者治理国家的重要参考，但后来执政的秦始皇却选择了法家思想，使包括道家在内的诸子百家全部受挫。

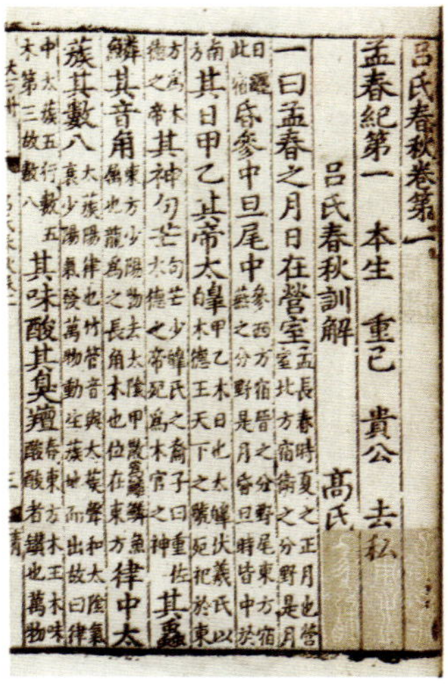
呂氏春秋卷第一
孟春紀第一 本生 重己 貴公 去私
呂氏春秋訓解 高氏
一曰孟春之月日在營室
昏參中旦尾中
其日甲乙其帝太皞
其神句芒
其蟲鱗其音角律中太蔟
其數八其味酸其臭羶

《吕氏春秋》书影

第二节　拓展阅读

拓展阅读一　先贤说孝亲尊师

1. 老吾老以及人之老，幼吾幼以及人之幼。

出自《孟子·梁惠王上》。意思是：尊敬自家的长辈，推广开去也尊敬别人家的长辈；关爱自家的孩子，推广开去也关爱别人家的孩子。

2. 父母之年，不可不知也。一则以喜，一则以惧。

出自《论语 · 里仁》。意思是：父母的年纪不能不时时记在心里：一方面因其高寿而欢喜，另一方面又因其寿高而有所恐惧。

3. 人人亲其亲，长其长，而天下平。

出自《孟子 · 离娄上》。意思是：只要人人各自亲爱自己的双亲，各自尊敬自己的长辈，那么，天下自然就可以太平了。

4. 曾子曰："孝有三，大孝尊亲，其次弗辱，其下能养。"

出自《礼记 · 祭义》。意思是：曾子说："孝有三等，大孝是使父母受到社会的尊重，其次是不使自己的言行给父母带来耻辱，再次是能养活父母。"

5. 夫天者，人之始也；父母者，人之本也。人穷则反本，故劳苦倦极，未尝不呼天也；疾痛惨怛，未尝不呼父母也。

出自西汉司马迁的《史记 · 屈原列传》。意思是：上天是人类的原始，父母是人的根本。人处于困境就会追念本原，所以到了极其劳苦疲倦的时候，没有不叫天的；遇到病痛、惨境、忧伤的时候，没有不叫父母的。

6. 羊知跪乳之恩，鸦有反哺之义。

出自明代《增广贤文》。意思是：小羊吃奶的时候是跪着的，小乌鸦能反过来喂养老乌鸦，以报答父母的养育之恩。

7. 凡学之道，严师为难。师严，然后道尊；道尊，然后民知敬学。

出自《礼记 · 学记》。意思是说求学的道理，尊敬老师是最难做到的。老师受到尊敬，然后真理学问才会受到敬重。真理学问受到尊敬，然后人们才会敬重学问，认真学习。

8. 明师之恩，诚为过于天地，重于父母多矣。

出自晋代葛洪的《抱朴子·勤求》。意思是开明的老师对我恩重如山，老师的恩情简直胜过了天地的博大，比我的父母对我付出的还要多。

拓展阅读二　程门立雪

程门立雪旧指学生恭敬受教，现指尊敬师长，比喻求学心切和对有学问长者的尊敬。

程门立雪

北宋时期，福建有个叫杨时的进士。他从小聪明伶俐，勤奋好学，特别喜欢钻研学问，到处寻师访友，曾在洛阳著名学者程颢门下学习。程颢去世后，他又拜程颐为师，继续学习。

杨时那时已经四十多岁，学问也很高，但他仍谦虚谨慎，不骄不躁，尊师敬友，深得程颐喜爱，被视为得意门生。有一天，杨时与好友游酢一起去向程颐请教学问，却不巧赶上老师正在屋中午睡。杨时便劝告游酢不要惊醒老师，于是两人静立门口，等老师醒来。

一会儿，天上飘起鹅毛大雪，越下越急，杨时和游酢却还立在雪中，游酢实在冻得受不了，几次想叫醒程颐，都被杨时阻拦了。直到程颐一觉醒来，才赫然发现门外的两个雪人！从此，程颐深受感动，更加尽心尽力教导杨时，杨时不负众望，终于学到了老师的全部学问。之后，杨时回到南方传播程氏理学，且形成独家学派，世称“龟山先生”。

第三节　人生感悟

戏婴图

读有所悟　饮水思源，常怀感恩

孝亲尊师，是中华民族的传统美德。一个人无论地位有多高，成就有多大，都不能忘记父母和老师在自己成长的道路上花费的心血，要饮水思源，常怀感恩。

作为子女，我们要感恩父母，感谢父母赐予我们生命，感谢父母对我们的无私付出，感谢父母对我们的辛勤养育，父母的爱值得我们用一生来报答。我们还要感恩老师，感谢老师对我们心智的启迪和对生命成长的关怀，感谢老师对我们的辛勤付出和谆谆教诲。

知行合一　温故知新，学以致用

1. 温故知新

请熟读每课原文并记住下面名言。

① 夫孝，德之本也，教之所由生也。

② 父兮生我，母兮鞠我，拊我畜我，长我育我。顾我复我，出入腹我，欲报之德，昊天罔极。

③ 古之圣王未有不尊师者也，尊师则不论其贵贱贫富矣。

2. 见德思齐

① 你最喜欢的关于孝亲尊师的名句是什么？

② 你们班最孝亲尊师的同学是谁？他有哪些事迹？

③ 你最想对父母说的一句话是什么?

3. 学以致用

① 你父母的生日是哪一天？你最想在你父母生日的那一天做什么?

② 在学校生活中你是怎样表达对老师的感恩之情的?

4. 与人为善

这一周你帮父母做了哪些有意义的事？请记录下来，让行善成为习惯。

第6课　仁爱友善

第一节　诵读名篇

诵读篇一　《问仁》

春秋　《论语》

孔子圣迹图

【导读】

本文出自《论语·颜渊》，题目为编者所加，是孔子对“仁”的不同解释。《论语》中一共记载了十三则弟子问仁，无论是直接还是间接问仁，孔子回答问题的角度各异，都是根据学生的不同情况而具有其针对性的。仁爱，是孔子儒家思想的核心内容，这一思想贯穿于他的政治、教育、伦理、文化主张等诸多方面，尤其是在做人的问题上，在孔子看来，仁爱是做人的根本。

本文节选三段孔子对弟子问仁的精彩回答。

第一段是弟子颜回请教什么是仁。孔子回答：“克己复礼为仁”，这是孔子关于什么是仁的主要解释。在这里，孔子以“礼”来规定“仁”，依礼而行就是仁的根本要求。仁是内在的，礼是外在的，二者紧密结合，克己复礼就是通过人们的道德修养自觉地遵守礼的规定。这是孔子思想的核心内容，贯穿于《论语》一书的始终。

第二段是孔子对他的学生仲弓论说“仁”的一段话。他谈到了“仁”的两个内容：一是要求他的学生事君使民都要严肃认真；二是要宽以待人，“己所不欲，勿施于人”。只有做到了这两点，才能向仁德迈进一大步。“己所不欲，勿施于人”，这句话也成为后世人们遵奉的处事信条。

第三段是子贡请教，孔子回答“己欲立而立人，己欲达而达人”，这是实行“仁”的重要原则。“推己及人”就做到了“仁”，这是孔子思想的一个重要方面，是社会基本伦理准则，在今天同样具有重要价值。

从孔子对弟子的回答之中，可知他主张的“仁”的含义。总的来说，对颜回问仁，答案是克制自己，道德自律；对仲弓问仁，答案是处事谨慎，宽以待人；对子贡问仁，答案是推广爱心，推己及人。

《论语》首创语录之体，其语言简洁精练，含义深刻，许多言论至今仍被世人视为至理。诵读时要读出孔子循循善诱、侃侃而谈、富于变化的教诲之言。

【原文】（节选）※

yán yuān wèn rén zǐ yuē kè jǐ fù lǐ wéi rén yī rì kè jǐ fù lǐ tiān xià guī rén yān wéi rén yóu jǐ ér yóu rén hū zāi yán yuān yuē qǐng wèn qí mù zǐ yuē fēi lǐ wù shì fēi lǐ wù tīng fēi lǐ wù yán fēi lǐ wù dòng

颜渊问仁。子曰：“克己复礼①/为仁。一日/克己复礼，天下归仁②焉。为仁由己，而/由人乎哉？”颜渊曰：“请问其目③。”子曰：“非礼/勿视，非礼/勿听，非礼/勿言，非礼/勿动。”

zhòng gōng wèn rén zǐ yuē chū mén rú jiàn dà bīn shǐ mín rú chéng dà jì jǐ suǒ bù yù wù shī yú rén zài bāng wú yuàn zài jiā wú yuàn

仲弓问仁。子曰：“出门/如见大宾，使民/如承大祭④；己所不欲，勿施于人；在邦无怨，在家无怨⑤。”

zǐ gòng yuē rú yǒu bó shī yú mín ér néng jì zhòng hé rú kě wèi rén hū zǐ yuē hé shì yú rén bì yě shèng hū yáo shùn qí yóu bìng zhū fú rén zhě jǐ yù lì ér lì rén jǐ yù dá ér dá rén néng jìn qǔ pì kě wèi rén zhī fāng yě yǐ

子贡曰：“如有/博施⑥于民/而能济众，何如？可谓仁乎？”子曰：“何事于仁？必也圣乎！尧舜/其犹病诸⑦。夫⑧仁者，己欲立/而立人，己欲达/而达人。能近取譬⑨，可谓/仁之方也已。”

【注释】

① 克己复礼：克己，克制自己；复礼，使自己的言行符合于礼的要求。

② 归仁：归，归顺，这里指赞许；仁，即仁道。

③ 目：具体的条目，具体的细则、规则。

④ 出门如见大宾，使民如承大祭：这句话是说，出门办事和役使百姓，都要像迎接贵宾和进行大祭时那样恭敬严肃。

⑤ 在邦无怨，在家无怨：邦，诸侯统治的国家；家，卿大夫统治的封地。意思是说无论在邦国和封地都没有人怨恨。

⑥ 施：施予，给予，动词。

⑦ 病诸：病，难，不易；诸，“之于”的合音。

⑧ 夫：句首发语词。

⑨ 能近取譬：能够就自身打比方，即推己及人的意思。

※ 原文选自《论语注疏》，北京大学出版社2000年版。

【译文】

颜回请教如何才能达到仁的境界，孔子回答说：努力约束自己，使自己的行为符合礼的要求。如果能够真正做到这一点，就可以达到理想的境界了，这是要靠自己去努力的，难道还要靠别人吗？颜回又问：那么具体应当如何去做呢？孔子答道：不符合礼法的事，就不要去看、不要去听、不要去说、不要去做。

仲弓问怎样做才是仁。孔子说：出门办事如同去接待贵宾，使唤百姓如同去进行重大的祭祀（那样认真严肃）。自己不愿意的，不要强加于别人；做到在诸侯的朝廷上没人怨恨（自己）；在卿大夫的封地里也没人怨恨（自己）。

子贡说：“假若有一个人，他能给老百姓很多好处又能周济大众，怎么样？可以算是仁人了吗？”孔子说：“岂止是仁人，简直是圣人了！就连尧、舜尚且难以做到呢。至于仁人，就是要想自己站得住，也要帮助人家一同站得住；要想自己过得好，也要帮助人家一同过得好。凡事能以自身为例而想到别人，可以说就是实行仁的方法了。”

【典籍简介】

《论语》是中国春秋时期的一部语录体散文集，由孔子的弟子及再传弟子编纂而成，至汉代成书。它是儒家学派的经典著作之一，以语录体为主，叙事体为辅，记录了孔子及其弟子言行，集中体现了孔子的政治主张、伦理思想、道德观念及教育原则等。与《大学》《中庸》《孟子》并称“四书”。全书共20篇、492章（有一些版本划分为509章或511章）。《论语》与《周易》《老子》，共为中华民族的几部源头性经籍，它们不仅是道德与文化的重要载体，而且是古代圣哲修身明德、体道悟道的智慧结晶。《论语》内容十分广泛，多半涉及人类社会生活问题，对中华民族的心理素质形成及道德行为规范产生了重大影响。

论语

诵读篇二 《上善若水》

春秋 老子

【导读】

本篇出自老子《道德经》第八章，题目为编者所加。这一章以自然界的水来喻人、教人。在道家学说里，水为至善至柔，水微则无声，巨则汹涌，与世无争却又容纳万物，人生之道，莫过于此。

层波叠浪图

老子首先用水性来比喻有高尚品德者的人格，认为他们的品格像水那样，一是柔，二是停留在卑下的地方，三是滋润万物而不与争。最完善的人格也应该具有这种心态与行为，不但做有利于众人的事情而不与争，而且还愿意去众人不愿去的卑下的地方，愿意做别人不愿做的事情。忍辱负重，任劳任怨，能尽其所能地贡献自己的力量去帮助别人，而不会与别人争功、争名、争利，这就是老子“善利万物而不争”的著名思想。

选文言简意赅，语言精练，短短数语便点明水的品德，诵读时注意吐字清晰，注意节奏，读出老子赋予水以至高至善内涵的意境。

【原文】（节选）※

shàng shàn ruò shuǐ shuǐ shàn lì wàn wù ér bù zhēng chǔ zhòng rén
上善①若水。水善利万物/而不争，处众人

zhī suǒ wù gù jī yú dào jū shàn dì xīn shàn yuān
之所恶②，故/几于道③。居/善地，心/善渊④，

yǔ shàn rén yán shàn xìn zhèng shàn zhì shì shàn néng
与/善仁⑤，言/善信，正/善治，事/善能，

dòng shàn shí fú wéi bù zhēng gù wú yóu
动/善时。夫/唯不争，故无尤⑥。

【注释】

① 上善：上，“最”的意思；上善即最善。

② 处众人之所恶：即居处于众人所不愿去的地方。

③ 几于道：几，接近；即接近于道。

④ 渊：沉静、深沉。

⑤ 与：相与、交往，指与别人相交相接。善仁，指有修养之人。

⑥ 尤：怨咎、过失、罪过。

【译文】

最高的善德，像水一样。水善于使万物获益而不与万物相争，它安处于众人不喜欢的卑下之地，所以接近于道。处世善于安居卑下，心地善于保持深沉，交友能相亲相爱，说话善于恪守信用，为政善于治理，办事善于发挥才能，行为善于待机而动。正因为像水那样与万物无争，所以才没有烦恼。

※ 原文选自《老子校释》，中华书局1984年版。

【作者简介】

老子

老子，姓李名耳，字聃，是我国古代伟大的哲学家和思想家，道家学派创始人，存世有《道德经》（也称《老子》），其作品的精华是朴素的辩证法思想，主张无为而治，其学说对中国哲学发展具有深刻影响。在道教中，老子被尊为道教始祖。老子与后世的庄子并称“老庄”。

诵读篇三 《君子莫大乎与人为善》

战国 《孟子·公孙丑上》

【导读】

友人图

本文出自《孟子 · 公孙丑上》，题目为编者所加，阐述了孟子与人为善的思想。

“与人为善”是我们常说的成语，意为乐于帮助人。孟子第一个提出这种说法，本文他举了三个例子，从闻过则善，闻善言则拜，到与人为善。

他是从孔子的学生子路说起，因为子路有一个很大的优点是闻过则喜，听到别人给自己指出过错就高兴。除了子路，夏禹也是这方面的模范，他只要一听到别人对他说对自己有教益的话，不仅高兴，而且还要就地下拜，行上一个大礼。这两个人做得很好，可比起子路和夏禹来，大舜的“与人为善”就更高一筹了，他汲取别人的长处并付诸行动，这就等于和别人一起行善。所以君子的最高德行就是同别人一道行善。

千百年来，孟子“与人为善”的思想在社会生活中不断得以发展和完善。在当今社会，它不仅仅是人类日常中的一种行为规范，也是处理人际关系、待人处世应当遵循的一条基本法则。

这段论述层层推进，最后总结，语言浅显自然又明快畅达，辞不迫切而意已独至，带有强烈的感情和气势。诵读时要语气坚定，读出其味道。

【原文】（节选）※

mèng zǐ yuē zǐ lù rén gào zhī yǐ yǒu guò zé xǐ yǔ
孟子曰：“子路，人告之以有过/则喜。禹①，

wén shàn yán zé bài dà shùn yǒu dà yān shàn yǔ rén tóng shě
闻善言/则拜②。大舜/有大焉③，善与人同④，舍

jǐ cóng rén lè qǔ yú rén yǐ wéi shàn zì gēng jià táo yú yǐ
己从人，乐取于人/以为善；自/耕稼陶渔⑤/以

zhì wéi dì wú fēi qǔ yú rén zhě qǔ zhū rén yǐ wéi shàn
至为帝，无非/取于人者。取诸人/以为善，

shì yǔ rén wéi shàn zhě yě gù jūn zǐ mò dà hū yǔ rén wéi
是/与人为善者也。故/君子莫大乎/与人为

shàn
善⑥。”

【注释】

① 禹：相传上古时代治水有功的贤君，他接受舜的让位建立夏朝。

② 拜，打躬作揖，后来便沿用为行礼的通称。

③ 有大焉：“有”，通“又”；焉，语助词。

④ 善与人同：好品德愿和别人共有。

⑤ 耕、稼、陶、渔：据《史记·五帝本纪》记载，舜为帝前曾经从事过种地、烧制陶器和捕鱼等各种劳动。

⑥ 与人为善：与字有两说，一是偕同，和别人一起；一是赞许、帮助。两解都可通。

※ 原文选自《孟子注疏》，北京大学出版社2000年版。

【译文】

孟子说：“子路，别人指出他的过错，他就很高兴。大禹听到有教益的话，就给人家行礼。伟大的舜帝又超过了他们，好品德愿和别人共有，抛弃自己的缺点，学习别人的长处，乐于吸取别人的优点来修养自己的品德。舜从当农夫、陶工、渔夫，直到成为天子，没有哪一点长处不是从别人那里学来的。汲取别人的优点来行善，也就等同于与别人一起来行善。所以，对君子来说，最重要的道德标准是要和别人一起行善。

【典籍简介】

《孟子》是中国儒家典籍中的一部，记录了战国时期思想家孟子的治国思想和政治策略，相传是孟子和他的弟子记录并整理而成的。《孟子》在儒家典籍中占有很重要的地位，为“四书”之一。《孟子》是四书中篇幅最长、部头最重的一本，有35 000多字。作为儒家的重要典籍，自问

世以来，历经由子书到经书的变迁，宋代以后，更是成为文人雅士的必读书，其思想学说对中国两千年来的政治、思想、文化产生了深远影响。

全书现存七篇，分别为《梁惠王》《公孙丑》《滕文公》《离娄》《万章》《告子》《尽心》，各章又都分为上下两篇。《孟子》行文气势磅礴，感情充沛，雄辩滔滔，极富感染力，流传后世，影响深远，成为儒家经典著作之一。

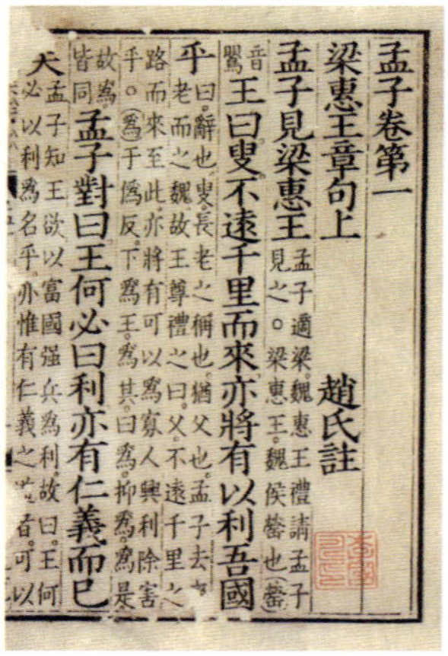
孟子卷第一
梁惠王章句上　趙氏註
孟子見梁惠王 孟子適梁。魏惠王禮請孟子見之。梁惠王，魏侯罃也。(罃)音鶯
王曰叟不遠千里而來亦將有以利吾國乎 曰，辭也。叟，長老之稱也，猶父也。孟子去老而之魏，故王尊禮之曰父。不遠千里之路而來至此，亦將有可以爲寡人興利除害乎。(爲)于僞反。下爲王、爲其、曰爲、抑爲、爲是，故爲皆同。
孟子對曰王何必曰利亦有仁義而已 孟子知王欲以富國強兵爲利，故曰王何必以利爲名乎，亦惟有仁義之道者可以

《孟子》书影

第二节　拓展阅读

拓展阅读一　先贤说友爱

1. 爱人者，人恒爱之；敬人者，人恒敬之。

出自《孟子 · 离娄下》。意思是：爱别人的人，别人也总是会爱他；尊敬别人的人，别人也总是会尊敬他。

2. 与人善言，暖于布帛；伤人之言，深于矛戟。

出自《荀子 · 荣辱》。意思是：赠人美好的言辞，比布帛还要温暖；出言伤人，比用长矛利戟刺人还要严重。

3. 以爱己之心爱人，则尽仁。

出自宋代张载的《正蒙 · 中正》。意思是：如果能够像爱自己那样爱别人，那么可以说已经达到了仁人的精神境界。

4. 君子以文会友，以友辅仁。

出自《论语 · 颜渊》。意思是：真正的君子用文章学问去交朋友，通过交友辅助自己修养仁德。

5. 投我以木桃，报之以琼瑶。

出自《诗经·卫风》。意思是：他送我鲜桃，我以琼瑶还报他。指与人交往要礼尚往来，相互友好对待。

6. 不仁爱则不能群，不能群则不胜物，不胜物则养不足。

出自东汉班固的《汉书·刑法志》。意思是：如果不心怀仁爱，就不能和别人结成群体，而不结成群体就不能利用自然界的资源，不能利用自然界的资源就会导致生活给养不足。这说明心怀仁爱是人类得以生存的前提和基础。

7. 君子尊贤而容众，嘉善而矜不能。

出自《论语·子张》。意思是：君子尊重贤人还能团结普通人，赞美能力高的人还能同情能力低的人。这说明君子对任何人都不疏远，都能做到友善相处。

8. 二人同心，其利断金；同心之言，其臭如兰。

出自《周易·系辞上》。意思是：两人心意相同，行动一致的力量犹如利刃可以截断金属；在语言上谈得来，说出话来像兰草那样芬芳、高雅。

网开一面

拓展阅读二　网开一面

夏朝从禹开始，传到夏桀这一代而衰亡。夏桀荒淫无道，是历史上有名的暴君，他的残暴统治引起了百姓的不满和怨恨。这时，商部落的首领是汤，商汤是一位仁慈的首领。

一天，商汤散步时，看到一个人在野外四面张网捕鸟，嘴里念念有词祈祷说：“无论从哪里来的鸟都能进入我的网。”商汤于心不忍，对捕鸟人说：“这样太残忍了，鸟儿会被捕光的。”说罢，便拆掉三面的网，并小声祷告："鸟儿啊，你们愿意往左飞就往左飞，愿意往右飞就往右飞，实在不想活了，就进到网里来吧。"诸侯和部落的首领听说此事，纷纷说："商汤会是一个好的君主，他对飞禽都如此仁慈，对人肯定更加仁爱。"很快各个诸侯和部落首领先后归顺于他，最后，商汤终于灭了夏。

第三节　人生感悟

读有所悟　赠人玫瑰，手留余香

在中国数千年的文化传统中，"善"是一颗闪耀的明星。中国自古讲究与人为善，心存善意，在为人处世中做到"己所不欲，勿施于人"，做到"穷则独善其身，达则兼济天下"。一个心地善良的人，就像一盏明灯，既照亮了周围的人，也温暖了自己。

我们所处的社会好比一个大的家庭，每个人都应该学会与人为善。一个人拥有一颗善良的心，就能以一种平和的心态对待世间的每一个人和每一件事，就会发自内心地珍爱世间万物，就会设身处地地去为别人思考，从中更多地体会到生活中的美，并以一颗感恩的心去享受生活的快乐。

童趣天伦图

知行合一　温故知新，学以致用

1. 温故知新

请熟读每课原文并记住下面名言。

① 克己复礼为仁。

② 己所不欲，勿施于人。

③ 己欲立而立人，己欲达而达人。

④ 上善若水。

⑤ 君子莫大乎与人为善。

2. 见德思齐

① 在你眼中，什么是“友善”？

② 请上网查阅“六尺巷”的故事，并写下你的感悟。

3. 学以致用

① 你认为平时同学的哪些行为属于不友善的行为?

② 与同学、朋友，或者是陌生人接触时遇到小误会、小矛盾，你是如何解决的?

4. 与人为善

这一周你做了哪些有意义的事? 请记录下来，让行善成为习惯。

第7课　真诚守信

第一节　诵读名篇

诵读篇一 《真者》

战国　庄周

【导读】

本文出自《庄子·渔父》，题目为编者所加，阐述了庄子“持守其真”、还归自然的主张，体现了庄子对自然真性的回归和尊崇。

独行图

庄子认为“精诚之至”即为“真”，唯有真诚方能动人。本文中庄子连用“强哭”“强怒”“强亲”与“真悲”“真怒”“真亲”三个对比及其各自所产生的结果，来说明存于内心真性的重要性。喜怒哀乐、悲欢离合等人类主观情感的流露都应当是发自内心的真情实感，这样的“真”才符合人的自然天性，从而产生触动人之真心、真情的效果。“强哭”“强怒”“强亲”之所以“不哀”“不威”“不和”，是因为它们都是矫情伪饰、虚情假意，是做给别人看的外在形式；而“真悲无声而哀，真怒未发而威，真亲未笑而和”，内心有所感触，神色表现于外，内外和谐一致，才能产生“哀”“威”“和”的情感共鸣度和艺术感召力。庄子告诫人们，真诚是做人之本，要以真诚待人，表里如一，不可虚伪。

《庄子》是一部奇书，其想象力极为丰富，语言运用自如，灵活多变，能把一些微妙难言的哲理说得引人入胜，因此庄子的作品被人称为“文学的哲学，哲学的文学”。诵读作品时要体会和领悟其中之妙。

【原文】（节选）※

真者，精诚/之至也。不精不诚，不能动人。故/强哭者虽悲不哀，强怒者虽严不威，强亲者虽笑不和。真悲/无声而哀，真怒/未发而威，真亲/未笑而和。真在内者，神动于外，是/所以/贵真也。其/用于人理①也，事亲/则慈孝，事君/则忠贞，饮酒/则欢乐，处丧/则悲哀。忠贞/以功为主，饮酒/以乐为主，处丧/以哀为主，事亲/以适为主，功成之美，无一其迹矣②。事亲以适，不论所以矣；饮酒以乐，不选其具矣③；处丧以哀，无问④其礼矣。礼者，世俗之所为也；真者，所以受于天⑤也，自然/不可易也。故/圣人/法天贵真，不拘于俗。愚者反此，不能法天/而恤于人⑥，不知贵真，禄禄/而受变于俗⑦，故不足。

【注释】

① 人理：人伦。

② 无：通“毋”，不拘，不需要。一：一定，一种。迹：

【译文】

所谓“真”，就是精诚的极点。不精不诚，不能感动人。所以，勉强啼哭的人虽然外表悲痛其实内心途径。

③ 不选：不选择。具：器具，酒具。

④ 无问：不讲究。

⑤ 受于天：禀受于自然。

⑥ 恤：体恤，周济。人：人事。

⑦ 禄禄：通“碌碌”，平凡的样子。受变于俗：受世俗影响而变化。

※ 原文选自《庄子集解》卷八，中华书局1987年版。

并不哀伤，勉强发怒的人虽然外表严厉其实并不威严，勉强亲热的人虽然笑容满面其实并不和善。真正的悲痛没有哭声却让人觉得哀伤，真正的怒气未曾发作却让人感到威严，真正的亲热未曾含笑却让人觉得和善。自然的真性存在于内心，神情的表露流于外在，这就是看重真情本性的原因。将上述道理用于人伦关系，侍奉双亲就会慈善孝顺，辅助国君就会忠贞不渝，饮酒就会舒心乐意，居丧就会悲痛哀伤。忠贞以建功为主旨，饮酒以欢乐为主旨，居丧以致哀为主旨，侍奉双亲以适意为主旨。功业与成就的目的在于达到圆满美好，因而不必拘于一个轨迹；侍奉双亲目的在于达到适意，因而不必考虑使用什么方法；饮酒目的在于达到欢乐，没有必要选择饮酒的器具；居丧目的在于致以哀伤，不必过问规范礼仪。礼仪，是世俗人的行为；纯真，却是禀受于自然，出自自然因而也就不可改变。所以圣哲的人总是效法自然看重本真，不受世俗的拘系。愚昧的人则刚好与此相反。不能效法自然而忧虑世人，不知道珍惜真情本性，庸庸碌碌地在流俗中承受着变化，因此总是不知满足。

庄子

【作者简介】

庄子（约前369—约前286），名周，战国宋国人，曾任漆园吏。著名思想家、哲学家、文学家，著有《庄子》。庄子是道家学派的代表人物，老子思想的继承和发展者，后世将他与老子并称为“老庄”。庄子的散文在先秦诸子中独具风格，大量采用虚构寓言故事，想象奇特，形象生动。此外，其散文还善于运用各种譬喻，活泼风趣，睿智深刻。

诵读篇二 《子张问行》

春秋　《论语》

【导读】

本章出自《论语·卫灵公》，是孔子回答“子张问行”的记录。题目为编者所加。《论语》中多处强调说话要有信用，孔子认为“信”是立身之本，是处世之道。

孔子不只是教学生读书，让他们懂得道理，而且指导他们的行为。文中“言忠信”，忠，就是话不能乱说，要从对别人有益的角度去说话；信，就是不轻诺，要信守承诺；“行笃敬”，笃，强调的是行动的程度；敬，强调的是行动的态度，就是要在做事时认真负责，恒久不怠。如果能牢牢记住这六字教诲，就可以减少言行的过失。子张为更好地践行这个道理，把这句话记在了自己腰间的大带上，随时提醒自己不要忘记。由此可见，忠信笃敬是人渴求的品质，无论文明与否、环境大小，所有的人都会希望被人以此对待。

孔子周游列国

《论语》这些格言式的句子，言简而意丰，不仅适合于诵读，而且它的含义对现代人的思想也产生了重要影响。大声诵读这些意义深刻的国学经典，你就会发现你的气度和胸襟会在无形之中渐渐培养起来。

【原文】※

子张问行①。子曰：“言/忠信，行/笃敬，虽/蛮貊②之邦，行矣。言/不忠信，行/不笃敬，虽/州里③，行乎哉？立/则见其/参④于前也，在舆⑤/则见其/倚于衡⑥也，夫然后行。”子张书诸绅⑦。

【注释】

① 行：这里是“行得通”“通达”的意思。

② 蛮貊：均为古代对边远地区民族的称呼。

③ 州里：与蛮貊相对，指本乡本土。

④ 参：相参，参验。

⑤ 舆：车。

⑥ 衡：车辕前用于套牛马的横木。

⑦ 书诸绅：即“书之于绅”。绅，束在腰间并能垂下的大带。在古代，人们把警句、格言写在腰间的大带上，一低头就能看到，从而时时提醒自己，指导自己的言行。这是古人一种加强自我修养的方法。

【译文】

子张问怎样才能使自己通达。孔子说：“说话忠诚守信，行为笃实严谨，即使到了边远的部族国家，也能够通达无阻。说话不忠诚守信，行为不笃实严谨，这样的人即使在本乡本土，难道能行得通吗？站立时仿佛看见‘忠信笃实’这几个字显现在前面，坐在车中仿佛看见这几个字在辕前横木上，能够做到这样，便能够处处通达了。”子张便把孔子的话记在束腰的大带上。

※ 原文选自《论语注疏》卷十五，北京大学出版社2000年版。

【典籍简介】

见前篇《问仁》。

诵读篇三 《君子慎其独》

春秋　《中庸》

听琴图

【导读】

本文出自《礼记·中庸》的第一章，题目为编者所加。本文一开头就指出：“天命之谓性，率性之谓道，修道之谓教”，这三句话被称为《中庸》的“三纲领”，它是整部《中庸》最重要的部分，而慎独是对人格、品质、意志和修行的考验。因为一个人独处时不正当的欲望容易在隐晦之处表现出来，不好的意念容易在细微之时显露出来，所以君子在无人看见的地方、在无人听到的时候更应严格要求自己，防微杜渐，把不正当的欲望、意念在萌芽状态时克制住。

本文从“道”不可片刻离开引入话题，强调“慎独”问题，要求人们加强自觉性，真心诚意地顺着天赋的本性行事，按“道”的原则修养自身。诵读时要注意韵律、语速和停顿。

【原文】（节选）※

tiān mìng zhī wèi xìng shuài xìng zhī wèi dào xiū dào zhī wèi
天命①之谓/性，率性②之谓/道，修道之谓/

jiào dào yě zhě bù kě xū yú lí yě kě lí fēi dào yě
教。道也者，不可/须臾③离也，可离/非道也。

shì gù jūn zǐ jiè shèn hū qí suǒ bù dǔ kǒng jù hū qí suǒ bù
是故/君子戒慎乎/其所不睹，恐惧乎/其所不

wén mò xiàn hū yǐn mò xiǎn hū wēi gù jūn zǐ shèn
闻。莫见乎④/隐⑤，莫显乎/微⑥，故/君子/慎

qí dú yě
其独也。

【注释】

① 天命：天赋。这里是指人的自然禀赋。

② 率性：遵循本性。率，遵循，按照。

③ 须臾：片刻。

④ 莫见乎：莫，在这里是“没有什么……比更……”的意思；见，通“现”，呈现；乎，于，在这里有比较的意味。

⑤ 隐：隐藏。

⑥ 微：细微。

※ 原文选自《礼记正义》卷五十二，北京大学出版社2000年版。

【译文】

人的自然禀赋叫作“性”，顺着本性行事叫作“道”，按照“道”的原则修养叫作“教”。“道”是不可以片刻离开的，如果可以离开，那就不是“道”了。所以，品德高尚的人在没有人看见的地方也是谨慎的，在没有人听见的地方也是有所戒惧的。越是隐蔽的地方越是明显，越是细微的地方越是显著。所以，品德高尚的人在一人独处的时候也是谨慎的。

【典籍简介】

《中庸》是一篇论述人性修养的散文，原是《礼记》第三十一篇，相传为子思所作，是儒家学说经典论著。经北宋程颢、程颐极力尊崇，南宋朱熹作《中庸章句》，最终和《大学》《论语》《孟子》并称为“四书”。宋、元以后，《中庸》成为学校官定的教科书和科举考试的必读书，对古代教育产生了极大的影响。

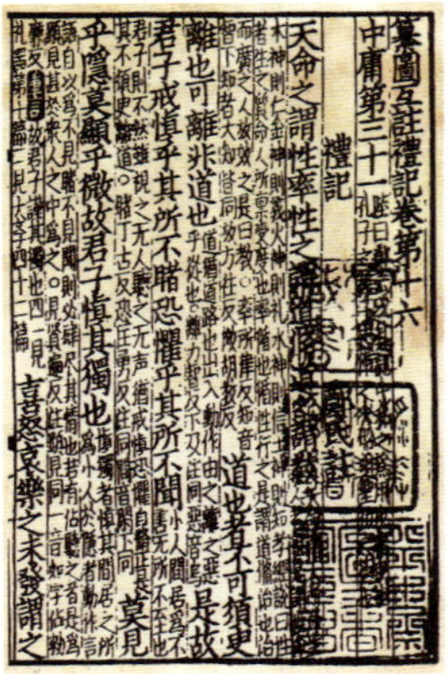
纂圖互註禮記卷第十六
中庸第三十一
禮記
天命之謂性率性之
道可須臾
離也可離非道也
是故
君子戒慎乎其所不睹恐懼乎其所不聞
莫見
乎隱莫顯乎微故君子慎其獨也
喜怒哀樂之未發謂之

《中庸》书影

第二节　拓展阅读

拓展阅读一　先贤说真诚

1. 精诚所至，金石为开。

出自汉代王充的《论衡·感虚篇》。意思是：人的真诚达到一定程度，能感动天地，使金石为之开裂。

2. 吾日三省吾身：为人谋而不忠乎？与朋友交而不信乎？传不习乎？

出自《论语·学而》。意思是：我每天都要多次反省自己：为别人办事是否尽到自己的心了？和朋友交往守信用了吗？老师传授的学业温习了吗？

3. 人而无信，不知其可也。

出自《论语·为政》。意思是：一个人不讲信用，真不知道他还能做什么。指人不讲信用是不行的。

4. 唯天下至诚为能化。

出自《礼记·中庸》。意思是：只有天下最真诚的心才能化育万物。

5. 宁可人负我，切莫我负人。再三须慎意，第一莫欺心。

出自明代的《增广贤文》。意思是：宁可让别人辜负自己，也别让自己辜负了别人。做事情要再三谨慎小心，最重要的是不要欺骗自己的良心。

6. 言之所以为言者，信也。言而不信，何以为言？

出自《谷梁传·僖公二十二年》。意思是：言语之所以有意义，是因为能表达承诺。如果言而无信，还谈得上是人说的话吗？

7. 言无常信，行无常贞，唯利所在，无所不倾，若是则可谓小人矣。

出自《荀子·不苟》。意思是：说话没有定准，行为失去原则，利益在哪里，他就往哪里靠，这样的人就是小人了。

8. 四端之信，犹五行之土，无定位，无成名，无专气。而水、火、金、木无不待是以生者。

出自宋代朱熹的《四书章句集注·孟子集注卷三》。意思是：诚信就像是五行之中的土一样，默默无闻，没有（浮华的）地位，没有（显赫的）威名，然而五行之中的水、火、金、木没有不依赖土而存在的。

拓展阅读二　一诺千金

秦朝末年，在楚地有一个叫季布的人，性情耿直，为人侠义好助。只要是他答应过的事情，无论有多大困难，都设法办到，受到大家的赞扬。

楚汉相争时，季布是项羽的部下，曾几次献策，使刘邦的军队吃了败仗。刘邦当了皇帝后，想起这事，就气恨不已，下令通缉季布，抓到季布的人将奖赏一千两黄金。

这时敬慕季布为人的人，都在暗中帮助他。不久，季布经过化装，到山东一家姓朱的人家当佣工。朱家的家主明知他是季布，仍收留了他，没有为那千两黄金的悬赏而出卖季布。后来，朱家又到洛阳去找刘邦的老朋友汝阴侯夏侯婴说情。刘邦在夏侯婴的劝说下撤销了对季布的通缉令，还封季布做了郎中，不久季布又改做河东太守。后来就流传了“得黄金千两，不如得季布一诺”的佳话。

第三节　人生感悟

季札挂剑

读有所悟　守住诚信，赢得尊重

立身处世，当以诚信为本。诚信是人与人之间相互交往沟通的纽带和桥梁，能促进人与人之间的相互尊敬和理解。诚实做人、待人真心诚意，讲究诚信是放之四海而皆准的做人道理。一个守信的人，必是一个做人有操守、做事有原则的人，这样的人坦荡磊落、真诚可靠，自然人人愿意结交、事事愿意合作。

一个人如果不守信用、说话不算话，人们自然就不会信任他，不信他说的话，更不信他做的事。这就是为什么古人那样看重“言必信，行必果”，背后不仅是一种人生信念，更是必不可少的处事之道。

知行合一　温故知新，学以致用

1. 温故知新

请熟读每课原文并记住下面名言。

① 真者，精诚之至也。不精不诚，不能动人。

② 言忠信，行笃敬。

③ 莫见乎隐，莫显乎微。故君子慎其独也。

2. 见德思齐

① 请写出几个关于诚信的成语，并把有关诚信的故事告诉你熟悉的朋友。

② 请你谈谈你身边的诚信体现在哪些方面?

3. 学以致用

① 也许你曾经有过不诚信的行为，请把它们写下来，撕成碎片，揉成团，扔进纸篓里，和不诚信说声“再见”。

② 要做真诚守信的人，你认为自己还应该从哪些方面提升自己。

4. 与人为善

这一周你做了哪些有意义的事?请记录下来，让行善成为习惯。

第 8 课　洁身自爱

第一节　诵读名篇

诵读篇一 《橘颂》

战国　屈原

【导读】

本文出自楚辞《九章》，是战国时期楚国伟大诗人屈原的作品。这是一首托物言志的咏物诗，诗人以四言的形式，用拟人的手法塑造了橘树的美好形象，从各个侧面描绘和赞颂橘树，借以表达自己追求美好品质和理想的坚定意志。

静听松风图

本文作者借橘树赞美坚贞不移的品格。全诗可分两部分，前十六句为第一部分，缘情咏物，重在描述橘树俊逸动人的外美，以描写为主；后半部分缘物抒情，转入对橘树内在精神的热情讴歌，以抒情为主。两部分各有侧重，而又互相关联，融为一体。

作者认为橘树是天地间最美好的树，因为它不仅外形漂亮，而且有着非常珍贵的内涵，比如它天生不可移植，只肯生长在南国，这是一种一心一意的坚贞和忠诚；再如它“深固难徙，廓其无求”“苏世独立，横而不流”，这使得它能坚定自己的操守，保持公正无私的品格。

《橘颂》堪称中国诗歌史上的第一首咏物诗。从此以后，南国之橘便蕴含了志士仁人“独立不迁”、热爱祖国的丰富文化内涵。因这一独特的贡献，屈原又被称为千古“咏物之祖”。

《橘颂》中的“兮”字使用类型是沿用了《诗经》中的“兮”字所具有的表达作用，更重要的是它们同时起着调整节奏的功能，用以舒缓语气，增强节奏感，这也是楚辞的一个显著特点。诵读时要把这种高洁之意表现出来，从容旷达而又充满爱意。

【原文】※

hòu huáng jiā shù jú lái fú xī shòu mìng bù qiān shēng nán guó xī
后皇/嘉树，橘/徕服①兮。受命/不迁，生/南国兮。

shēn gù nán xǐ gèng yī zhì xī lǜ yè sù róng fēn qí kě xǐ xī
深固/难徙，更/壹志兮。绿叶/素荣，纷其/可喜兮。

céng zhī yǎn jí yuán guǒ tuán xī qīng huáng zá róu wén zhāng làn xī
曾枝/剡棘②，圆果/抟③兮。青黄/杂糅④，文章/烂兮。

jīng sè nèi bái lèi kě rèn xī fēn yūn yí xiū kuā ér bù chǒu xī
精色/内白，类/可任兮。纷缊/宜修⑤，姱⑥/而不丑兮。

jiē ěr yòu zhì yǒu yǐ yì xī dú lì bù qiān qǐ bù kě xǐ xī
嗟/尔幼志，有/以异兮。独立/不迁，岂不/可喜兮？

shēn gù nán xǐ kuò qí wú qiú xī sū shì dú lì héng ér bù liú xī
深固/难徙，廓其/无求兮。苏世/独立⑦，横/而不流兮。

bì xīn zì shèn bù zhōng shī guò xī bǐng dé wú sī cān tiān dì xī
闭心/自慎，不终/失过兮。秉德/无私，参/天地兮。

yuàn suì bìng xiè yǔ cháng yǒu xī shū lí bù yín gěng qí yǒu lǐ xī
愿岁/并谢，与/长友兮。淑离⑧/不淫，梗其/有理⑨兮。

年岁虽少，可师长兮。行比伯夷，置以为像⑩兮。

【注释】

① 徕服：徕，通“来”。服，习惯。

② 曾枝剡棘：层层枝叶。曾，通“层”，一层层，一重重。剡，锐利。棘，刺。

③ 抟：通“团”，圆圆的。

④ 糅：错杂。

⑤ 纷缊宜修：长得繁茂，修饰得体。

⑥ 姱：美好。

⑦ 苏世独立：独立于世，保持清醒。苏，苏醒，指的是对浊世有所觉悟。

⑧ 淑离：美丽而善良自守。离，通“丽”。

⑨ 梗其有理：木正直，有文理。

⑩ 置以为像：树立作为榜样。

※ 原文选自《楚辞补注》，中华书局1983年版。

【译文】

你这天地孕育的橘树哟，生来就适应这方水土。禀受了再不迁徙的使命，便永远生在南楚。

你扎根深固难以迁移，立志是多么专一。叶儿碧绿花儿素洁，仪态又何其缤纷可喜。

层层树叶间虽长有刺，果实却结得如此圆美。青的黄的错杂相映，色彩哟简直灿若霞辉。

你外色精纯内瓤洁白，正如堪托大任的君子。气韵芬芳仪度潇洒，显示着何其脱俗的美质。

赞叹你这南国的橘树哟，幼年立志就与众迥异。你独立于世不肯迁移，这志节岂不令人欣喜。

你扎根深固难以移徙，开阔的胸怀无所欲求。你疏远浊世超然自立，横耸而出，决不俯从俗流。

你坚守着清心谨慎自重，何曾有什么罪愆过失。你那无私的品行哟，恰可与天地相比相合。

我愿在众卉俱谢的岁寒，与你长作坚贞的友人。你秉性善良从不放纵，坚挺的枝干纹理清纯。

即使你现在年岁还轻，却已可做

我钦敬的师长。你的品行堪比伯夷，
将永远是我立身的榜样。

【作者简介】

屈原（约前340—前278），中国古代伟大的爱国诗人。他出生于楚国丹阳，名平，字原，曾任三闾大夫、左徒等官职，兼管内政外交大事。他主张对内举任贤能，修明法度，对外力主联齐抗秦。后因遭贵族排挤，被流放沅、湘流域。公元前278年秦将白起一举攻破楚国首都郢都，忧国忧民的屈原在长沙附近汨罗江怀石自杀，端午节就是为了纪念屈原而设。

屈原

屈原写下许多不朽诗篇，成为中国古代浪漫主义诗歌的奠基者，在楚国民歌的基础上创造了新的诗歌体裁楚辞。主要作品有《离骚》《九章》《九歌》等。他在诗中抒发了炽热的爱国主义思想感情，表达了对楚国的热爱，体现了他对理想的不懈追求和为此九死不悔的精神。他创造的楚辞文体在中国文学史上独树一帜，与《诗经》并称“风骚”二体，对后世诗歌创作产生了积极影响。

诵读篇二　《富贵不能淫》

战国　孟轲

【导读】

本文出自《孟子·滕文公下》，是孟子提出的成为男子汉大丈夫的三大标准。题目为编者所加。三大标准中，“富贵不能淫”尤其令世人推崇。这三大标准在现代可解释为：荣华富贵无法扰乱其心志，贫困卑贱的处境无法改变其坚强的意志，强权暴力的威胁无法使其屈服。人只有做到这三点，才能算是真正意义上的大丈夫。孟子的这一名言，气势磅礴，铿锵有力，流传至今，熏陶和铸造了一代又一代人。这一名言已成为人们立志、律身的警句，被无数仁人志士奉为做人准则。

不为五斗米折腰

富贵是人所羡慕的，贫贱是人所厌恶的，威武是人所惧怕的，但能不为之所动，这就表现了一个人坚守节操、大义凛然的高尚品德。这篇文章排句整齐，气势磅礴，铿锵有力。诵读时应掷地有声，读出凛然气势。

【原文】（节选）※

jǐng chūn yuē gōng sūn yǎn zhāng yí qǐ bù chéng dà zhàng
景春曰：“公孙衍、张仪①/岂不/诚大丈

fū zāi yī nù ér zhū hóu jù ān jū ér tiān xià xī
夫哉，一怒/而诸侯惧，安居/而天下熄②。”

mèng zǐ yuē shì yān dé wéi dà zhàng fū hū zǐ wèi xué lǐ
孟子曰：“是/焉得为/大丈夫乎？子未学礼

hū jū tiān xià zhī guǎng jū lì tiān xià zhī zhèng wèi
乎？……居/天下之广居③，立/天下之正位，

xíng tiān xià zhī dà dào dé zhì yǔ mín yóu zhī bù dé zhì dú
行/天下之大道，得志与民由之，不得志独

xíng qí dào fù guì bù néng yín pín jiàn bù néng yí
行其道④。富贵/不能淫⑤，贫贱/不能移⑥，

wēi wǔ bù néng qū cǐ zhī wèi dà zhàng fū
威武/不能屈⑦，此之谓大丈夫。”

【注释】

① 景春：人名，纵横家。公孙衍：人名，著名的说客。张仪：魏国人，与苏秦同为纵横家的主要代表。

【译文】

景春说：“公孙衍和张仪难道不是真正的大丈夫吗？发起怒来，诸侯们都会害怕；安静下来，天下就会平安无事。”

孟子说：“这怎么能够叫大丈夫

② 熄：指战火熄灭，天下太平。

③ 广居："居"指住所，"广居"为宽广的住所。朱熹注释为：广居，仁也。

④ 道：原则，行为准则。

⑤ 富贵不能淫：金钱和地位不能使之放纵。淫，使……放纵。

⑥ 贫贱不能移：贫穷卑贱不能使之改变操守。形容意志坚定。移，使……改变。

⑦ 威武不能屈：威武不能使其意志屈服。意思是：不屈从于威势的震慑之下。形容不畏强暴。威武，威胁暴力。屈，使……屈服。

※ 原文选自《孟子注疏》卷六，北京大学出版社2000年版。

呢？你没有学过礼吗？……大丈夫应该住在天下最宽广的住宅（仁）里，站在天下最正确的位置（礼）上，走着天下最光明的大道（义）。得志的时候，便与老百姓一同前进；不得志的时候，便独自坚持自己的原则。富贵不能使我放纵，贫贱不能使我改移节操，威武不能使我屈服意志。这样才叫作大丈夫！"

【作者简介】

见前篇《生于忧患，死于安乐》。

诵读篇三 《爱莲说》

北宋 周敦颐

【导读】

《爱莲说》出自《周元公集》，是北宋理学家周敦颐为了抒发洁身自爱的高洁人格情感所做的一篇散文。

文章从"出淤泥而不染"起，浓墨重彩地描绘了莲的气度、节操，

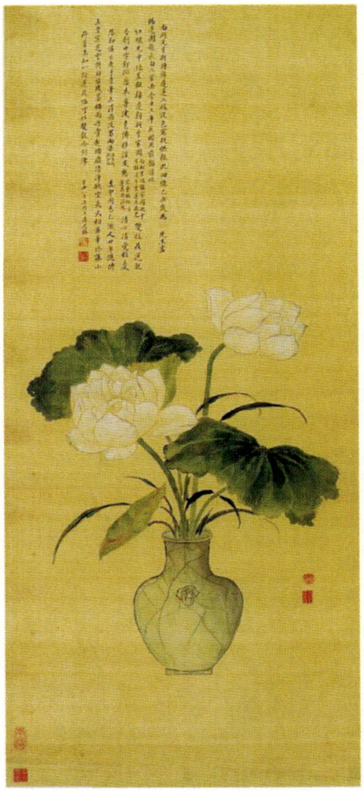

赐莲图

寄予了作者对理想人格的肯定和追求，也反映出作者鄙弃贪图富贵、追名逐利的世态心理和追求洁身自好的美好情操。同时，文章还运用了对比、反衬的手法，几次以菊、牡丹反衬莲之美，把菊花的隐逸、牡丹的富贵和莲花的高洁相对比，使“爱莲”这一主题得以加深。通过对比这一高明手法，表明自己对美好理想的憧憬，对高尚情操的崇奉，对庸劣世态的憎恶。

“说”是一种议论性古代文体，它往往借描绘事物以抒情言志。《爱莲说》清雅脱俗，郎朗上口，精短押韵，是这种托物言志的文体中不可多得的传世佳作。这篇文章骈散相间，全文语速由慢而快而又慢，情绪由平而高而又低，诵读时要注意这种层次和结构上的特点。

【原文】※

水陆草木/之花，可爱者/甚蕃①。晋/陶渊明/独爱菊；自/李唐来，世人/盛爱牡丹；予/独爱莲之/出淤泥/而不染，濯②清涟/而不妖③，中通外直，不蔓不枝，香远益清，亭亭净植④，可/远观/而不可亵⑤玩焉。

予/谓菊，花之/隐逸者也；牡丹，花之/富贵者也；莲，花之/君子者也。噫⑥！菊之爱，陶后/鲜有闻⑦；莲之爱，同予者/何人？牡丹之爱，宜乎众矣。

【注释】

① 蕃：通“繁”，多。

② 濯：洗涤。

③ 妖：妖艳。美丽而不端庄。

④ 植：通“直”，立。

⑤ 亵：亲近而不庄重。

⑥ 噫：叹词，相当于“唉”。

⑦ 鲜有闻：鲜，少；闻，听说。

※ 原文选自《文渊阁四库全书》第1101册，上海古籍出版社2003年版。

【译文】

水上和陆地上的各种花草树木，值得喜爱的非常多。晋朝陶渊明唯独喜爱菊花。唐朝以来世间的人们非常喜爱牡丹。我唯独喜爱莲花，它从淤泥中长出来，却不沾染污秽，在清水里洗涤过但是不显得妖媚，它的茎中间贯通，外形挺直，不生枝蔓，不长枝节，香气远播，更加清香，笔直洁净地立在那里，可以远远地观赏但是不能玩弄它。

我认为，菊花是花中的隐士；牡丹，是花中的富贵者；莲花，是花中的君子。唉！对于菊花的喜爱，在陶渊明以后很少听到了。对于莲花的喜爱，和我一样的还有谁？对于牡丹的喜爱，当然有很多人了。

【作者简介】

周敦颐（1017—1073），字茂叔，晚号濂溪先生，谥号元公，他的理学思想在中国哲学史上起到了承前启后的作用。但是他生前官位不高，学术地位也不显赫，在他死后，弟子程颢、程颐成名，他的才识才被认可，后来经过朱熹的推崇，学术地位最终确定，被人称为程朱理学的开山之祖。中国哲学史上的宋代“濂（湖南周敦颐）、洛（洛阳程颢、程颐）、关（关中张载）、闽（福建朱熹）四大学派”，就是以周敦颐为首。

周敦颐

第二节　拓展阅读

拓展阅读一　先贤说自爱

1. 宁为玉碎，不为瓦全。

出自唐代李百药的《北齐书 · 元景安传》。意思是：比喻宁愿壮烈地死去，也不愿苟且地偷生。

2. 君子之交淡若水，小人之交甘若醴。

出自《庄子 · 山木》。意思是：君子之间的交往，就像水一样清白、清淡；小人之间的交往，大都是在杯盘交错之间，做酒肉朋友。

3. 仰不愧于天，俯不怍于人。

出自《孟子 · 尽心上》。意思是：抬头向上，不愧于青天，俯身朝下，不愧于众人。比喻不做亏心事，走到哪里都问心无愧。

4. 山不在高，有仙则名。水不在深，有龙则灵。斯是陋室，惟吾德馨。

出自唐代刘禹锡的《陋室铭》。意思是：山不在于高，有了神仙就出名。水不在于深，有了龙就显得有了灵气。这是简陋的房子，只是我（这个住在里面的人）品德好（就感觉不到简陋了）。

5. 穷则独善其身，达则兼济天下。

出自《孟子 · 尽心上》。意思是：不得志时就洁身自好，修养个人品德，得志时就使天下都能这样。

6. 不要人夸好颜色，只留清气满乾坤。

出自元代王冕的《墨梅》。意思是：它不需要别人夸奖颜色美好，只要这清新的香气留在天地间就好了。

7. 粉身碎骨浑不怕，要留清白在人间。

出自明代于谦的《石灰吟》。意思是：即使粉身碎骨也毫不惧怕，甘愿把一身清白留在人世间。

8. 爱惜芳心莫轻吐，且教桃李闹春风。

出自金代元好问的《同儿辈赋未开海棠》。意思是：重重绿叶含苞待放的海棠，自己不轻易开花，且让先花后叶的桃李抢占春天。诗人通过赞美海棠洁身自爱、甘于清静的品性，暗示、告诫自己的儿女们要稳重行事，要像海棠一样不轻易显露自己的芳心，保持自己内心的纯洁。

拓展阅读二　暮夜却金

东汉时期有一位著名的清官叫杨震，他公正廉洁，不谋私利，在任荆州刺史时发现王密才华出众，便向朝廷举荐王密为昌邑县令。后来杨震调任东莱太守，在由荆州刺史调任东莱太守赴任途中，路过昌邑。王密听说杨震途经本地，为了报答杨震的恩情，特备了黄金前来谒见。两人聊得非常高兴，不知不觉已是深夜，王密准备起身告辞，拿出准备好的黄金放在桌上，说："您难得光临，我准备了一点小礼，以报栽培提携之恩。"杨震不但不接受，还批评他说："以前正是因为我了解你的真才实学，才举荐你为孝廉，希望你做一个廉洁奉公的好官。可是你却不了解我的为人啊，这样做不是辜负我对你的厚望吗？"王密坚持说："半夜三更，只有你知我知，不会再有别人知道这件事的，请收下吧！"杨震严肃地说："天知地知你知我知，怎么可以说没人知道呢？没有别人在，但你我的良心都在看着呢！"王密顿时羞愧得满脸通红，拿着金子回去了。后人因此称杨震为"四知先生"。王密羞愧难当，并将书房改为"四知堂"以自勉。

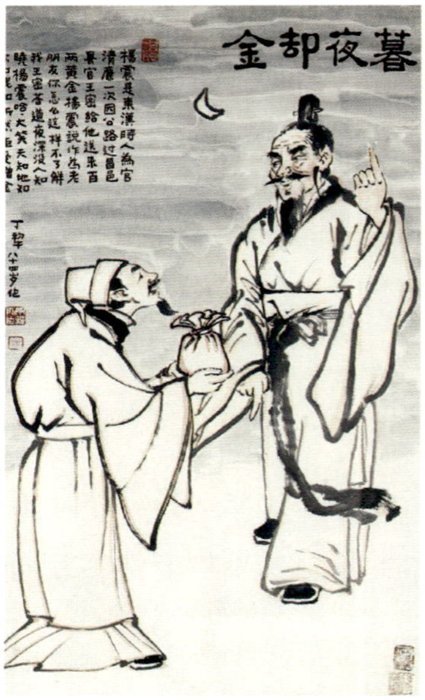

暮夜却金

第三节　人生感悟

松鹤高远图

读有所悟　珍爱生命，拒绝诱惑

洁身，是本身行为纯洁端正；自爱，是懂得珍惜本人的身体、人格和声誉。雁过留声，人过留名，洁身自爱最英明，莲花的品格高洁正直，又何况是被视为万物之灵的我们呢？作为一名在校生，当我们面临社会生活中种种诱惑的时候，我们更要做到出淤泥而不染，像莲花一样洁身自爱，抵制恶俗，拒绝不良诱惑，积极向上，保持真善美的品质。只有做到自重、自省、自爱，做到慎思、慎言、慎行，才能以自己的纯洁无瑕获得社会的承认，从而安心、踏实、快乐地过好自己的一生。

知行合一　温故知新，学以致用

1. 温故知新

请熟读每课原文并记住下面名言。

① 深固难徙，廓其无求兮。苏世独立，横而不流兮。

② 富贵不能淫，贫贱不能移，威武不能屈，此之谓大丈夫。

③ 予独爱莲之出淤泥而不染，濯清涟而不妖。

2. 见德思齐

① 请列举几个你心目中具有“大丈夫”形象的古人。

富贵不能淫:______________________________

贫贱不能移:______________________________

威武不能屈:______________________________

② 你认为洁身自爱对你的职业生涯有什么积极作用?

3. 学以致用

① 生活中你曾遇到哪些不良诱惑?

② 面对这些不良诱惑，你是如何抵制和拒绝的?

4. 与人为善

这一周你做了哪些有意义的事? 请记录下来，让行善成为习惯。

明辨篇

“不审不聪则缪，不察不明则过。”明辨是做好一件事的前提，善于观察，善于听闻，在此基础上明确辨别，才能规避错误和过失，从而朝着正确的目标不断前进。

职业院校的学生正处在世界观、人生观、价值观形成的关键时期，面对纷繁复杂、思想多元的社会，面对学业、职业选择，一时有些疑惑、彷徨，这是青年时代正常的人生经历。在这一时期，唯有慎思明辨以断是非、晓得失、知荣辱，才能做到稳重自持、知耻自律，才能强化规则观念，对自己负责，为国家分忧。

中华传统典籍中关于明辨的经典可谓汗牛充栋，本篇撷取其中适合职业院校学生诵读的篇章，分为“明辨自持”“知耻自律”“规矩有度”三部分内容供大家诵读。从这些经典名篇中，我们可以知晓明辨是非、理性思维对人的重要作用，可以增强遵规守纪的自觉性，可以借知耻给自己以精神勇气，从而做到自尊、敬畏和自律。

“千淘万漉虽辛苦，吹尽狂沙始到金”。我们只有深入观察，学会思考，善于分析，才能正确地辨真假、厘善恶、分美丑，进而规划、创造精彩的人生。

第 9 课　明辨自持

第一节　诵读名篇

诵读篇一 《知人者智，自知者明》

春秋　《道德经》

老子骑牛图

【导读】

本篇出自《道德经》第三十三章，编者根据行文需要，将篇名拟定为“知人者智，自知者明”。作者老子是道家学说的代表人物，在道家看来，“自知”是个人修养和自我建立的开始，审视自己，方可达到“明”的状态和境界。

在本篇中，作者通过两组对比关系，即“知人”与“胜人”、“自知”与“自胜”的论述说明道理，认为自我克制和把持更为重要，强调辨别事物要从认识自己、分辨自己入手，在纷繁复杂的社会现象面前保持清醒的头脑，正确思考，祛除价值混乱，如此方可逐渐增强判断能力。

本篇语言质朴，明白晓畅，说理深刻，采用格言警句的形式，从不同角度论述了认识自我的重要性。内容言简意赅，采用对比的形式来加以论证，诵读时应断句准确，停顿到位，语速稍慢，语调平和，突出层次性和节奏感。

【原文】※

zhī rén zhě zhì　zì zhī zhě míng　shèng rén zhě　yǒu lì　zì
知人者智，自知者明①。胜人者/有力，自

shèng zhě　qiáng　zhī zú zhě fù　qiáng xíng　zhě yǒu zhì　bù shī qí
胜者/强②。知足者富，强行③者有志。不失其

suǒ zhě　jiǔ　sǐ ér bù wáng　zhě　shòu
所者/久，死而不亡④者/寿。

【注释】

① 明：指代一种超越“智”的状态或境界。

② 强：果决，果敢。

③ 强行：勤勉地、坚持不懈地去做。

④ 死而不亡：身体虽然死去，而“道”依然存在。

※ 原文选自《老子道德经注校释》，中华书局2016年版。

【译文】

认识、了解别人无疑是充满智慧的，但认识、了解自己才是英明睿智的。战胜别人是有力量的，克服自己的弱点才是果决、刚强。懂得满足的人是富有的，勤勉力行、坚持不懈的人是有志向的，不丧失本分的人可以长久，身体虽然死去，而“道”依然存在的人才是真正的长寿。

【典籍简介】

《道德经》，又称《道德真经》《五千言》《老子五千文》《老子》，相传是春秋时期的老子所写，是道家学派学说的集中体现。《道德经》分上下两部分，现在的通行本为《道经》在前，《德经》在后，共81章。《道德经》一书以高度凝练的语言阐发中国古代博大精深的哲学思想，文约意丰，包涵广博，是中国哲学的代表之作。

老子帛书乙本

诵读篇二 《是是非非谓之知》

战国 荀况

送别友人图

【导读】

本文出自《荀子·修身》，题目为编者所加。文段明确指出肯定正确、否定错误就是明智，肯定错误、否定正确就是愚昧，让人在是非面前保持清醒的头脑。

作者运用下定义的方式告诫世人何为是、何为非，语言明白晓畅，中正意切，排比句和对仗句的运用使得句式整齐划一。通过属于“是”与属于“非”的一组组反义词的对比，让人们得以明确哪些言行是善，哪些言行是恶。在此基础上，作者用一句“是是、非非谓之知，非是、是非谓之愚”，揭示了明辨是非的重要性。

文段不仅告知人们各种行为的是与非，让人增强自身的判断能力，还从明辨是非讲到加强自身修养。学习此篇选文时，要注意领悟到这两个层次的深意。诵读时要注意在理解文意的基础上，语气坚定，读出蕴涵其中的浩然正气。

【原文】（节选）※

yǐ shàn xiān rén zhě wèi zhī jiào yǐ shàn hé rén
以善①/先②人者/谓之教，以善/和③人
zhě wèi zhī shùn yǐ bù shàn xiān rén zhě wèi zhī chǎn yǐ
者/谓之顺；以不善/先人者/谓之谄④，以
bù shàn hé rén zhě wèi zhī yú shì shì fēi fēi wèi
不善/和人者/谓之谀⑤。是是、非非⑥/谓
zhī zhì fēi shì shì fēi wèi zhī yú shāng liáng yuē
之知⑦，非是、是非/谓之愚。伤良⑧/曰
chán hài liáng yuē zéi shì wèi shì fēi wèi fēi yuē
谗⑨，害良/曰贼⑩。是谓是、非谓非/曰

zhí qiè huò yuē dào nì xíng yuē zhà yì yán yuē
直。窃货/曰盗，匿⑪行/曰诈，易⑫言/曰

dàn qǔ shě wú dìng wèi zhī wú cháng bǎo lì qì yì wèi
诞⑬，趣⑭舍无定/谓之无常，保利弃义/谓

zhī zhì zéi duō wén yuē bó shǎo wén yuē qiǎn duō jiàn
之至贼。多闻/曰博，少闻/曰浅。多见/

yuē xián shǎo jiàn yuē lòu nán jìn yuē tí yì wàng
曰闲⑮，少见/曰陋。难进/曰偍⑯，易忘/

yuē lòu shǎo ér lǐ yuē zhì duō ér luàn yuē mào
曰漏。少而理⑰/曰治⑱，多而乱/曰秏⑲。

【注释】

① 善：此处作名词，善行，善举。

② 先：走在前面，此处引申为引导。

③ 和：附和。

④ 谄：谄媚，奉承。

⑤ 谀：阿谀，巴结。

⑥ 是是、非非：第一个“是”作动词，意为以……为正确的或肯定；第二个“是”作名词，意为正确的事物。第一个“非”作动词，意为以……为错误的或否定，第二个“非”作名词，意为错误的事物。

⑦ 知：通“智”，智慧的，聪明的。

⑧ 良：作名词，忠良之士。

⑨ 谗：说某人的坏话。

⑩ 贼：危害。

⑪ 匿：隐藏，躲藏。

【译文】

用善行善举去引导人叫作教导，用善行善举去附和人叫作顺应；用不好的言行去引导人叫作谄媚，用不好的言行去附和人叫作阿谀。肯定正确的、否定错误的就叫作明智，否定正确的、肯定错误的就叫作愚昧。用言论中伤忠良之士就叫作谗言，用言论陷害忠良之士就叫作危害。以是为是、以非为非，就是为人正直的表现。用不合法、不合理的手段取得财物，就是偷窃；隐藏自己的所作所为，就是欺诈；轻易地改变自己所说过的话，就是虚妄。对采取还是放弃犹豫不定，就是反复无常。为了保住一己私利而背信弃义，就是最有危害的行为。听到、知道的事情多叫作广博，听到、知道的事情少叫作浅薄。看得多了自然会熟练，见识少就会浅陋。在取得进步上有很大困难是因为行动迟缓，学过的东西经常遗忘是因为疏漏。事情看起来少是因为有

⑫ 易：改变，此处指轻易改变。

⑬ 诞：欺诈，虚妄。

⑭ 趣：同“取”，采取。

⑮ 闲：“习”的意思。

⑯ 偍：行动迟缓。

⑰ 理：有条理。

⑱ 治：处理得很好，安定。

⑲ 秏：昏乱不明。

※ 原文选自《荀子集解》卷一，中华书局1988年版。

条理，这就叫作处理得好；事情看起来多是因为杂乱无章，这就叫作昏乱不明。

荀子

【典籍简介】

《荀子》一书是汇集荀子主要思想的理论成果，是战国后期儒家学派重要的著作，相传为荀子所作或为其弟子整理而成。《荀子》一书擅长分析说理，逻辑严谨，常用排比句和对仗句增强行文的气势，语言凝练，颇具说服力和感染力。《荀子》全书20卷，今存32篇，论说范围极广，在政治、经济、军事、教育、哲学等领域皆有涉猎。

诵读篇三 《明智》

明代 冯梦龙

【导读】

本文出自《智囊全集·明智部·总序》，题目为编者所加。本文是明代冯梦龙为明智部写的序言，意在说明“明”对于万事万物的重要作用。文章以宇宙之始作为论述的起点，给人以一种宏远深厚的时空之感，接着从明与暗的对比出发，由三组明暗不同的事物到以“水”和“镜”类比于人，意在揭示明辨、明察之重，最后得出结论，即务必正确地辨别万事万物。

全文论说严密，说服力强。排比句和对比论证方式的运用，增强了文章说理的气势。“人不明则堕于云雾”一句，可谓是选文的中心论点，直接点出了“明”对于人的重要性。

诵读时要把握好行文的逻辑，论证部分的语气要强烈，而结论部分则应较为舒缓，排比句要读出气势。

高士对月图

【原文】（节选）※

自有宇宙/以来，只争/明、暗二字/而已。混沌①暗/而开辟②明，乱世暗/而治朝③明，小人暗/而君子明；水不明/则腐，镜不明/则锢④，人不明/则堕于云雾。今夫/烛腹⑤极照，不过/半砖，朱曦⑥宵驾⑦，洞彻/八海⑧；又况夫/以夜为昼，盲人瞎马，侥幸/深溪之不賈⑨也，得乎？故夫/暗者之未然，皆/明者之已事；暗者之梦景，皆/明者之醒心；暗者之歧途，皆/明者之定局。由是/可以知/人之所不能知，而断/人之所不能断，害/以之避，利/以之集，名/以之成，事/以之立。

【注释】

① 混沌：我国古代神话传说中指盘古开天辟地之前，天地模糊一团的状态。

② 开辟：此处指开天辟地。

③ 治朝：社会安定、太平的朝代。

④ 锢：塞，不通，此处引申为无法照影。

⑤ 烛腹：萤火虫。

⑥ 朱曦：太阳。

⑦ 霄驾：此处指太阳在高空中运行。

⑧ 八海：四方四隅之海，此处指代天下各处。

⑨ 霣：通“陨”，坠落，落下。

※ 原文选自《冯梦龙全集·智囊·明智部》，凤凰出版社2007年版。

【译文】

自从有了天地以来，就有了“明”和“暗”的抗衡与对比。天地模糊一团时，天下是昏暗的；开天辟地之后，天下得以清明。乱世时是暗的，太平盛世时是明的。小人是昏昧的，君子是明智的。流水不清澈就会腐烂，镜子不清晰就无法照影鉴衣，人如果不明智就会陷入混乱愚昧之中。萤火虫发出的光照到极致，也不过半块砖头大小。太阳在高空中运行，发出的光可以照遍天下各处。就不必说把黑夜当作白天，这就像盲人骑着瞎马一样，怎么可能不会坠入深渊之中呢？所以，昏昧者不明白的事，都是明智者早已了然于胸的事；昏昧者虚幻迷茫的事，都是明智者清醒认识的事；昏昧者变化不定的事，都是明智者十分确定的事。因此，明智者能知道一般人所不知道的，能断定一般人所无法断定的，躲避可能的灾祸，谋取可能的利益，以至于成就名声、建立功业。

冯梦龙

【作者简介】

冯梦龙（1574—1646），明代通俗文学家、戏曲家、思想家，苏州人，字犹龙，又字子犹，号龙子犹、墨憨斋主人等。一生中当过训导，做过知县，但他的最大贡献当数那流传百世的通俗文学。其中以“三言”（《喻世明言》《警世通言》《醒世恒言》）最为有名，与明代凌濛初的“二拍”合称“三言二拍”。其编录的《智囊全集》初成于明代天启六年（1626），共收录上起先秦、下迄明代的历代智囊故事1 200余则，是一部反映古人运用聪明才智来排忧解难、克敌制胜的处世奇书，也是中国文化史上一部篇幅庞大的智谋锦囊。

第二节　拓展阅读

拓展阅读一　先贤说明辨

1. 听不慎，不审不聪，不审不聪则缪。视不察不明，不察不明则过。虑不得不知，不得不知则昏。

出自《管子·宙合》。意思是：听得不仔细就谈不到听觉灵敏，不仔细不灵敏则陷于错误；看得不细致就谈不到看得清事物，不细致、看不清就容易犯错；思虑不适宜就谈不到明智，不适宜不明智就容易昏乱。

2. 众恶之，必察焉；众好之，必察焉。

出自《论语·卫灵公》。意思是：众人都厌恶一个人，一定要留心考察这种情况；众人都喜好一个人，也一定要留心考察这种情况。

3. 是其所谓非，非其所谓是，此之谓大惑。

出自《吕氏春秋·重己》。意思是：肯定错误的，否定正确的，这叫作“大惑”。

4. 无是非之心，非人也。

出自《孟子·公孙丑上》。意思是：做人要有明辨是非之心，如果没有，就不能称之为人。

5. 是非明而后可以施赏罚。

出自宋代王安石的《临川先生文集·九变而赏罚可言》。意思是：在实施奖赏与处罚之前，必定要先明确地知晓孰是孰非。

6. 目瞭则形无不分，心敏则理无不达。

出自南北朝刘勰的《文心雕龙·知音》。意思是：眼光明晰就可以分辨一切事物，心思敏锐就可以通晓一切道理。

7. 夫正直者，不可屈曲；有学问者，必能辨是非。

出自宋代欧阳修的《与高司谏书》。意思是：正直的人不会屈服于邪恶的一方，有学问的人，一定能明确地分辨是非。

8. 欲知自下升高处，真伪先须辨古今。

出自宋代陆九渊的《鹅湖和教授兄韵》。意思是：要知道从低处向高处升达的真正通道，当下首先必须辨明治学方法的优劣。

拓展阅读二　颜回喝粥

颜回

有一次，孔子与弟子们被围困在陈、蔡两国交界的地方。连续困了七天后，食物渐渐都吃完了，弟子们都吃不饱，个个面黄肌瘦。子贡见大家都饥饿困顿，于是费尽周折用自己身上的财物换了少许米回来，希望给大家解解饥饿。人多米少，颜回便与子路找了一口大锅，在一间破屋子里，为大家煮稀粥。

子路有事离开了一会，恰好此时有灰尘掉进粥里，颜回便取出来自己吃了。子贡从屋子前经过，一扭头正好看到颜回拿了一小勺的粥往嘴里送。子贡看了有些不高兴，以为颜回在偷吃。但他没有上前质问颜回，而是走到了孔子的房间。子贡见了孔子行礼后问道："仁人廉士在穷困的时候也会改变自己的气节吗？"孔子说："如果在穷困的时候改变了气节，那怎么还能算是仁人廉士呢？"子贡接着就问孔子："像颜回这样的人，该不会改变他的气节吧？"孔子说："当然不会。”子贡便将看到颜回偷吃粥的事告诉了孔子。孔子听后说：“我相信颜回是仁人已经很久了，虽然你这么说，但我还是不能因为这一件事就怀疑他，这其中必定有缘故。你先等等，我问问他。”

于是孔子便招来颜回，对他说：“日前我梦见先人，大概是启发护佑我们吧，你做好粥后，我准备先祭祀祖先。”颜回听了，恭敬地对孔子说：“学生刚才煮粥的时候，有灰尘掉进了粥里。任由它在粥里，粥就不干净了，学生就用勺子舀出来，把它丢掉又觉得可惜，于是便吃了它。所以不可以用粥来祭祀了。”孔子听后说：“原来如此，如果是我，我也一样会吃了它的。”

颜回退出后，孔子回过头对着在场的几位弟子们说：“我相信颜回是仁人不是从今天才开始的。”

第三节　人生感悟

读有所悟　善于辨别，勇于决断

善断的杜如晦

“勇于断者，不随其似；明于分者，不混其施。”明辨是非是一项大学问。首先，我们必须理解明辨是非、理性思维对人的重要作用，明确了其重要性之后，要有意识地培养自己在纷繁复杂的社会现象面前善于辨别的能力，当然，这就涉及如何增强判断能力的问题。对广大在校生而言，无论面对何种机遇和机缘，只有先树立正确的世界观、人生观、价值观，再深入社会，观察世间万象，在现实世界中遭遇碰撞，才能学会思考，做出正确的抉择。同时，要敢于以是为是、以非为非，在大是大非面前勇于坚持正确的判断，从而铸就自己正直的品格。

知行合一　温故知新，学以致用

1. 温故知新

请熟读每课原文并记住下面名言。

① 知人者智，自知者明。

② 是是非非谓之知，非是是非谓之愚。

③ 水不明则腐，镜不明则锢，人不明则堕于云雾。

2. 见德思齐

① 你最喜欢的关于明辨是非的名句是什么？

② 你身边关于明辨是非的真人真事有哪些？

③ 请编写一句属于你的关于明辨是非的座右铭。

3. 学以致用

① 写出几条你认为体现了是与非、善与恶的具体行为。

② 你是如何增强自己辨别是非能力的？请以具体事例说明。

4. 与人为善

这一周你做了哪些有意义的事？请记录下来，让行善成为习惯。

第 10 课　知耻自律

第一节　诵读名篇

诵读篇一《国有四维》

战国　《管子》

【导读】

此文出自《管子·牧民》，题目为编者所加。《牧民》为《管子》的开篇之作，此节选文段处于《牧民》这篇文章的卷首位置，由此可见其在《管子》一书中的重要地位。

太平燕居图（局部）

文段从支撑国家正常运转的四根支柱，即礼、义、廉、耻四种道德准则谈起，谈到四种道德准则对一个国家的重要性，之后逐一论述了礼、义、廉、耻对人们行为各方面的规范作用，在此基础上又写国之四维具备的稳定社会、改善民风等功能效用。

选文说理透彻，诵读时要求读准字音，读出四维之间的停顿，突出排比句式的韵律，把握文章平实的情感基调。

【原文】（节选）※

guó yǒu sì wéi　yī wéi jué　zé qīng　èr wéi jué　zé

国有／四维①。一维绝②／则倾，二维绝／则危，三维绝/则覆，四维绝/则灭。倾/可正也，危/可安也，覆/可起也，灭/不可复错[③]也。何谓/四维？一曰礼，二曰义，三曰廉，四曰耻。礼/不踰[④]节，义/不自进[⑤]，廉/不蔽恶，耻/不从枉[⑥]。故/不踰节则/上位安，不自进则/民无巧诈，不蔽恶则/行自全，不从枉则/邪事不生。

【注释】

① 维：纲维，纲纪，法度。

② 绝：断绝，缺失。

③ 复错：重复这个过错，“不可复错”，即事情发展到了无法挽回的地步。

④ 踰：通“逾”，超过，越过。

⑤ 自进：骄矜自大，盲目谋求仕途上的进取。

⑥ 枉：邪恶不正的人或事。

※ 原文选自《管子校注》卷一，中华书局2004年版。

【译文】

维系国家有四种必需的道德准则，这四种准则就像支撑国家的四根支柱。如果其中缺了一维或者某一方面没有做好，国家就会倾斜；缺了两维，国家就会危险；缺了三维，国家就会被颠覆；缺了四维，国家就会灭亡。国家倾斜了可以扶正，危险了可以采取措施使之转为安全，被颠覆了可以再建；但是如果国家灭亡了，那就到了无法挽回的地步了。什么是四维？一是礼，二是义，三是廉，四是耻。有礼，人们就不会越过应该遵守的规范；有义，人们就不会自私地推荐自己，来谋取仕途上的进取；有廉，人们就不会掩饰自己的过错；有耻，人们就不会趋从邪恶不正的人或事。因此，人们不越过应守的规范，一国之君者的地位就能安定；不私心求取仕进，人们就不会利用虚伪欺诈的手段谋得高位；不掩饰自己的过错，人们的行为举止就会端正无缺；不趋从坏人坏事，邪乱不正的事情就不会发生。

【典籍简介】

《管子》是一部先秦政治论著，是齐国稷下学者的著作汇编，记载了春秋时期齐国政治家、思想家管仲及管仲学派的言行事迹及其主要学说。《管子》一书包罗万象，宏博精深，思想丰富，绝大多数学者认为《管子》不是出自一人之手，也不是成书于某个唯一确切的时期。全书有86篇，现在通行的版本实存76篇，其余10篇仅存目录。

管子

诵读篇二 《羞恶之心》

南宋　朱熹

【导读】

此文出自《孟子集注》，题目为编者所加。这段文字是朱熹对《孟子·尽心上》中“耻之于人大矣。为机变之巧者，无所用耻焉。不耻不若人，何若人有？”的注解。

朱熹借用为《孟子》相关章句做注解的方式，阐发自己对于孟子“四端”学说中“义”端的观点。孟子称“羞恶之心，义之端也”，朱熹进一步引申阐明了羞耻心的重要意义，认为羞耻心是追求自身进步的必要条件。

朱熹认为人只有具备羞耻之心，才能想着去迎头赶上，而且人有了羞耻之心之后要有所行动，不能遮掩自己觉得羞耻的事，而是以羞恶之心来激励自己，用实际的行动来提升自己。

雪夜访友图

选文论述清晰果断，语言平实坚定，诵读时要在理解文意的基础上带着思考，同时应注意读准字音，把握好节奏和韵律。

【原文】（节选）※

耻者，吾所固有/羞恶①之心也。存之/则进于圣贤②，失之/则入于禽兽③，故/所系/为甚大。为机械变诈④/之巧⑤者，所为之事/皆人所深耻，而彼/方且自以为/得计，故/无所用其/愧耻之心也。但/无耻⑥一事不如人，则/事事不如人矣。或曰：“不耻/其不如人，则/何能有/如人之事？”其义/亦通。或问：“人有/耻不能之心/如何？”程子曰：“耻其不能/而为之/可也，耻其不能/而掩藏之/不可也。”

【注释】

① 羞恶：因自身的不善而羞耻，见他人的不善而憎恶。

② 圣贤：圣人与贤人的合称，也指品德高尚、有超凡才智的人。

③ 禽兽：此处比喻卑劣无耻的人。

④ 机械变诈：巧诈、诡变多机心。

⑤ 巧：机巧，虚伪不实。

⑥ 无耻：不感到羞耻。

※ 原文选自《四书章句集注·孟子集注》卷十三，中华书局1983年版。

【译文】

耻，是我们本身就有的羞恶之心。如果内在怀有这份羞恶之心，就有可能成长为品德高尚、才智非凡之人；如果内在没有这份羞恶之心，就有可能沦为卑鄙恶劣之人。因此，是否具有羞恶之心关联重大。要弄阴谋诡计、投机取巧的人，所做的事是让人觉得非常耻辱的，但他们却自以为计谋得逞，所以羞耻之心对他们是没有用的。只要对一件事不如别人而不感到羞耻，就会事事不如别人。有人说：“不以赶不上别人而觉得羞耻，怎么会有比得上别人的地方呢？”这样的理解也是说得通的。有人问道：“一个人对于不如别人而感到羞耻，他会怎么样？”程颐回答道：“因不如别人而感到羞耻，而且努力用行动去加强不如人之处，这样是正确适宜的；因不如别人而感到羞耻，却刻意掩盖自己的不足，这样则是不可取的。”

【作者简介】

朱熹（1130—1200），南宋著名理学家、思想家、教育家，祖籍徽州府婺源县（今江西省婺源），字元晦，后改字仲晦，号晦庵、晦翁、云谷老人等，谥为“文”，后世尊称“朱子”或“朱文公”。朱熹是宋代理学的集大成者，与二程（程颢、程颐）合称“程朱”，其学说以居敬穷理为主，主张以格物致知的方式来获得知识。朱熹是孔孟以来儒家最杰出的代表人物，编次著述之书甚多，其《四书章句集注》被明清科举奉为考试标准。

朱熹

诵读篇三 《知耻近乎勇》

战国　子思

【导读】

此文出自《礼记·中庸》，题目为编者所加。选文从孔子论述修身的方法谈到了管理人民、治理国家，“知耻近乎勇”被孔子认为是陶冶身心、涵养德性的必要条件之一。

《知耻近乎勇》这篇选文短小精悍，仅用寥寥数十字就从修身、治人、治国三个层面上点出了仁、智、勇的重要性，并阐明了怎样才能具备这三

孔子居陈图

种德行的方法，即分别要做到好学、力行、知耻。知道羞耻就是承认自己的不足之处并以之为耻，这是敢于正确认识自己的表现。对于个人来说是如此，对于国家来说也是如此，只有知道羞耻，才能发奋图强、富民兴邦。

选文立论清晰，层次分明，排比句的全篇运用使得文章气势连贯，浑然一体。诵读时应认真领悟文意，带着思考，品味文中蕴含的人生哲学，注意语调的舒缓平正。

【原文】（节选）※

子曰："好学/近①乎知②，力行③/近乎仁，知耻/近乎勇。知斯三者，则知/所以修身④。知/所以修身，则知/所以治人。知/所以治人，则知/所以治天下国家矣。"

【注释】

① 近：接近。

② 知：通"智"，智慧。

③ 力行：竭力实践，尽力去做。

④ 修身：陶冶身心、涵养德性。

※ 原文选自《礼记正义》卷五十二，北京大学出版社2000年版。

【译文】

孔子说："爱好学习就接近了智，努力实践就接近了仁，知道羞耻就接近了勇。知道了这三方面的内容，就知道了陶冶身心、涵养德性的方法；知道了修养的方法，就知道了管理人民的方法；知道了管理人民的方法，就知道了治理天下和国家的方法。"

【作者简介】

子思（约前483—前402），战国初期鲁国人，名伋，字子思，孔子之孙。战国时期著名的思想家，儒家的主要代表人物之一。相传子思师承孔子的弟子曾参，孔子的学说由曾参传子思，再由子思的门人传孟子，后世把子思、孟子合称为思孟学派。传统观点认为《中庸》出于子思之手，子思的中庸思想即不偏不倚的中正之道对后世影响甚大。

子思

第二节　拓展阅读

拓展阅读一　先贤说知耻

1. 人不可以无耻，无耻之耻，无耻也。

出自《孟子 · 尽心上》。意思是：人不可以没有羞耻之心，因为没有羞耻心而带来的耻辱，那才叫作无耻。

2. 士而不先言耻，则为无本之人；非好古而多闻，则为空虚之学。

出自明末清初顾炎武的《与友人论学书》。意思是：读书人不把羞耻心放在首位，就是没有根基、本源的人。不喜好古代的事物而广泛地学习，学到的就是空洞、虚浮的学问。

3. 子曰："行己有耻，使于四方，不辱君命，可谓士矣。"

出自《论语 · 子路》。意思是：立身行事有知耻之心，出使四方能做到不辱君命，这样的人就可以称为士了。

4. 荣辱之大分，安危利害之常体：先义而后利者荣，先利而后义者辱。

出自《荀子 · 荣辱》。意思是：光荣和耻辱的最大区别，安全和危险、利益和损害的通常情况是，先考虑道义而后考虑利益的就会得到光荣，先考虑利益而后考虑道义的就会受到耻辱。

5. 人之生，不幸，不闻过；大不幸，无耻。必有耻，则可教；闻过，则可贤。

出自宋代周敦颐的《通书 · 幸第八》。意思是：人生的不幸在于不听取别人对自己过失的批评，而最大的不幸在于没有羞耻心。一个人有了羞耻心，才能施以教导；听取别人的批评，才可能成长为贤德之人。

6. 人之有所不为，皆赖有耻心。若无耻心，则无事不可为矣。

出自清代康有为的《孟子微》。意思是：人之所以有些不去做的事，完全在于羞耻之心。如果没有羞耻心，那就没有什么不能做的了。

7. 士皆知有耻，则国家永无耻矣。

出自清代龚自珍的《明良论》。意思是：如果读书人都具备羞耻之心，那么国家就永远不会有羞耻之事。

8. 君子耻不修，不耻见污；耻不信，不耻不见信；耻不能，不耻不见用。是以不诱于誉，不恐于诽，率道而行，端然正己，不为物倾侧：夫是之谓诚君子。

出自《荀子 · 非十二子》。意思是：君子以自己的品德不好为耻，而不以被人污蔑为耻；以自己不诚实为耻，而不以不被信任为耻；以自己无能为耻，而不以不被任用为耻。因此，君子不被美名所诱惑，也不被诽谤所吓退，遵循道义来做事，严肃地端正自己，不因外界事物而摇摆不定、脱离正道，这才叫作真正的君子。

卧薪尝胆

拓展阅读二　卧薪尝胆

春秋时期，吴国进攻越国，一举攻下越国的都城会稽，迫使越王勾践投降。越王勾践夫妇被押解到吴国，受了很多折磨和屈辱才被放回国。

勾践回国后，立志发愤图强，准备复仇。他怕自己贪图舒适的生活，消磨了报仇的志气，晚上就睡在柴铺上，他还在房子里挂上一只苦胆，每天早上起来后就尝尝苦胆，让门外的士兵问他："你忘了三年的耻辱了吗？"勾践不仅"卧薪尝胆"，还常常扛着锄头背着犁，下田劳动，他的妻子也亲自织布，在吃穿上都很朴素，和百姓同甘共苦。经过十年的艰苦奋斗，越国终于富强起来，国家富足，上下一心，勾践利用时机起兵灭了吴国。

第三节　人生感悟

读有所悟　知耻而自律，润内而固本

耻感是一种积极的道德情感，是推动人们在品德养成之路上自强不息、止于至善的精神力量。它通过内在良心的约束和激励，促使人们遵规守纪、有所不为。作为中华优秀传统文化重要组成部分的耻感文化，是国人知耻而心怀自律的精神源泉。

柳荫高士

"文化而润其内，养德以固其本。"经过对传统典籍中耻感内容的诵读与学习，我们需从内心层面真正培养知耻的意识，可以通过见不贤而内自省和直接自我反思的方式，发现某种行为的不善和自己的不足之处，并以之为耻，从而避免这种羞耻，或者自己迎头赶上。耻感文化的浸润是一种强大的心理动力，可以稳固住人发展的根基，确保我们不断向善。

知行合一　温故知新，学以致用

1. 温故知新

请熟读每课原文并记住下面名言。

① 礼不踰节，义不自进，廉不蔽恶，耻不从枉。

② 耻者，吾所固有羞恶之心也。存之则进于圣贤，失之则入于禽兽。

③ 无耻一事不如人，则事事不如人矣。

④ 耻其不能而为之可也，耻其不能而掩藏之不可也。

⑤ 好学近乎知，力行近乎仁，知耻近乎勇。

2. 见德思齐

① 写一件你觉得以之为荣的事情。

② 写出你觉得班级里最能做到自律的同学及其事迹。

3. 学以致用

① 你认为哪些行为是应该引以为耻的?

② 当你发现自身存在以之为耻的缺点或不足时，你是如何做的?

4. 与人为善

这一周你做了哪些有意义的事? 请记录下来，让行善成为习惯。

第 11 课　规矩有度

第一节　诵读名篇

诵读篇一　《法仪》

战国　《墨子》

【导读】

选文是《墨子·法仪》的开篇语，论述了法仪对于各行各业工作者的重要性。《墨子》作为墨家学派的代表著作，对数理知识多有涉及。选文中提到的百工之具体准则，如“为方以矩”“为圆以规”“直以绳”“正以县（悬）”，正是墨家门徒从无数次的亲身实践中总结出来的，后世工匠均以此为法。

选文开篇即表明作者观点，接着以“士”和“工”为例，来说明各行各业的人都需要按照法度、规则来办事。文段最后联系当时社会的实际，

治世图

即治理天下、国家却没有法则，意在劝导当时的统治者建立治国的准则。

文章运用事例论证的方式，列举了多种职业从事者都依照规矩办事的实例，使得本文观点具有事实依据，加强了论点的说服力。选文语言平实，明白晓畅，说理清晰可信。诵读时注意断句准确，读准字音，应语速适中，语调平正，在诵读中领悟先哲的智慧，学习做事的道理。

【原文】（节选）※

天下/从事①者，不可以/无法仪②。无法仪/而其事/能成者，无有也。虽至/士之为将相者，皆有法；虽至/百工③从事者，亦/皆有法。百工/为方以矩④，为圆以规⑤，直以绳，正以县⑥。无/巧工/不巧工，皆以/此五者为法。巧者/能中⑦之，不巧者/虽不能中，放依⑧以从事，犹逾己。故/百工从事，皆/有法所⑨度。今/大者/治天下，其次/治大国，而/无法所度，此不若/百工辩⑩也。

【注释】

① 从事：做某项事业。

② 法仪：法度，规矩，行为的准则。

③ 百工：各种工匠，手工业者。

④ 矩：画直角或方形的工具。

⑤ 规：画圆的仪器。

⑥ 县：通“悬”，悬垂，可以用悬挂的方法来测是否垂直

【译文】

全天下从事各种职业的人，不能没有办事的法则。没有法则而能把事情做成功，这是从来都没有的事。即使是做到了将帅和宰相，也必须有法则。即使是技术很高超的各行各业的工匠，也都必须有法则。百工用矩来画成方形，用圆规来画成圆形，用墨绳来画成直线，用悬锤来测定偏正。

于地面。

⑦ 中：合适，适当。

⑧ 放依：仿效依照。放，通“仿”，效法。

⑨ 所：可以。

⑩ 辩：同“辨”，明辨事理。

※ 原文选自《墨子校注》卷一，中华书局1993年版。

不论是技艺精巧的工匠还是一般工匠，都要以这五者作为法则。技艺精巧的工匠能做得非常合适，一般工匠虽然做不到这样的水平，但仿效着这些法则去做，达到的效果还是要超过按照自己想法去做的。所以说百工做事，都有法则可以衡量。现在大到治理天下，其次如治理大国，却没有法则来衡量，这就是还不如百工能明辨事理。

【典籍简介】

《墨子》集中阐述了墨家思想，原有71篇，现存53篇。根据先秦诸子的成书惯例，《墨子》一书也并非由墨子一人所作，一般认为是墨子及其弟子和后学著述、记录、整理而成。《墨子》内容庞杂，大体可以分为三个部分：一是反映墨家核心思想的内容，即兼爱、尚同、节用等；二是与社会科学、自然科学有关的知识；三是与军事有关的知识。墨家学派的学说即墨学曾经与儒学并称为“显学”，时人有“非儒即墨”的说法。

墨子

诵读篇二 《不以规矩，不成方圆》

战国 《孟子》

【导读】

此文出自《孟子·离娄上》，题目为编者所加。孟子从说明圆规、曲尺和六律分别之于工匠和乐师的重要性，谈到了仁政对于治理国家的关键作用。

文章以具体事例说明规矩和仁政对个人和

拨阮图

国家的重要意义，在孟子看来，仁爱之心和法度必须在国家一并推行，才能收到期望中的成效。治国需要法度、规则，做好一件事更是需要以规则作为行动的准绳，就像文中提到的离娄、公输班、师旷一样，纵然他们有如此优秀的天赋资质，想要达到既定目标，也是必须借助规矩、准则。我们职业院校的学生也应强化自己的规则观念，以养成良好的职业习惯。

本文说理透彻，逻辑严谨，对偶排比句的运用使得句式匀称而错落有致。诵读时应断句准确，语速稍快，语调高昂，表达充沛畅达的气势。

【原文】（节选）※

lí lóu zhī míng gōng shū zǐ zhī qiǎo bù yǐ guī jǔ
离娄①/之明②，公输子③/之巧④，不以/规矩，

bù néng chéng fāng yuán shī kuàng zhī cōng bù yǐ liù lǜ bù
不能/成方圆⑤；师旷⑥/之聪⑦，不以/六律⑧，不

néng zhèng wǔ yīn yáo shùn zhī dào bù yǐ rén zhèng bù
能/正五音⑨；尧舜⑩/之道，不以/仁政，不

néng píng zhì tiān xià jīn yǒu rén xīn rén wén ér mín bù bèi qí
能/平治天下。今有仁心仁闻⑪/而民不被⑫其

zé bù kě fǎ yú hòu shì zhě bù xíng xiān wáng zhī dào yě
泽，不可/法于后世者，不行/先王⑬之道也。

gù yuē tú shàn bù zú yǐ wéi zhèng tú fǎ bù néng yǐ zì xíng
故曰/徒⑭善/不足以为政，徒法/不能以自行。

shī yún bù qiān bù wàng shuài yóu jiù zhāng zūn
《诗》云：“不愆/不忘，率由/旧章⑮。”遵/

xiān wáng zhī fǎ ér guò zhě wèi zhī yǒu yě shèng rén jì jié mù
先王之法/而过⑯者，未之有也。圣人/既竭⑰目

lì yān jì zhī yǐ guī jǔ zhǔn shéng yǐ wéi fāng yuán píng zhí bù
力焉，继之以/规矩准绳，以为/方圆平直，不

kě shēng yòng yě jì jié ěr lì yān jì zhī yǐ liù lǜ zhèng wǔ
可/胜用⑱也；既竭耳力焉，继之以六律，正五

yīn bù kě shēng yòng yě jì jié xīn sī yān jì zhī yǐ bù rěn rén
音，不可/胜用也；既竭心思焉，继之以不忍人

zhī zhèng ér rén fù tiān xià yǐ
之政，而/仁覆天下矣。

【注释】

① 离娄：人名，黄帝时人，生卒年不详。相传能于百步之

【译文】

即使有离娄那样敏锐的视力，有公输般那样高明的技巧，如果不用圆

外，看清秋天鸟兽新生细毛的末端。

② 明：视觉，眼力。

③ 公输子：即鲁班，春秋时期鲁国著名建筑工匠。姓公输名般，般与班同音，故又称鲁班，尊称公输子。

④ 巧：技巧。

⑤ 圆：旧写作“员”。

⑥ 师旷：人名，春秋时晋国乐师，生卒年不详。以善辨音律著名。

⑦ 聪：听觉。

⑧ 六律：阴阳各六的古乐十二律。

⑨ 五音：中国传统音乐中的五个音阶。

⑩ 尧舜：唐尧与虞舜的合称，二人均为古代的圣君。

⑪ 闻：声望，声誉。

⑫ 被：受到。

⑬ 先王：古代圣王。一般特指历史上尧、舜、禹、汤、文、武几个有名的帝王。

⑭ 徒：仅仅、只有。

⑮ 不愆不忘，率由旧章：不犯过失不遗忘，一切都遵循传统的规章。

⑯ 过：犯过错。

⑰ 竭：用尽。

规和曲尺，也不能画出标准的方形和圆形。即使有师旷那样灵敏的听力，如果不用六律，也不能校正五音。即使有尧舜之道，如果不施行仁政，也不能治理好天下。现在有些诸侯，虽然有仁爱之心和仁爱的声誉，但百姓却受不到他们的恩泽，他们的治国理念也未能被后世所效法，这是因为他们不实行古代圣王之道。所以说，仅仅只有仁爱之心，不足以治国理政；仅仅只有法度，法度也不能自行实施。《诗经》上说：“不犯过失不遗忘，一切都遵循传统的规章。”遵循前代圣王的法度而犯错误，这是从来没有过的事。圣人既已用尽了视力，再加以圆规、曲尺、水准器、墨线，来制作方的、圆的、平的、直的东西，那些东西也就用不尽了；圣人既已用尽了听力，再加以六律来校正五音，各种音阶也就运用无穷了；圣人既已用尽了心思，再实行怜恤民众的政策，仁德、恩泽就能覆盖天下了。

⑱ 不可胜用：用也用不尽。

胜，尽，完。

※ 原文选自《孟子注疏》卷七，北京大学出版社2000年版。

【典籍简介】

见前篇《君子莫大乎与人为善》。

诵读篇三 《有度》

战国 《韩非子》

【导读】

斗茶图

此文出自《韩非子》，题目为编者所加。本文处在这一篇的结尾处，是结论性的文字。选文开篇以技艺精巧的工匠和智商极高的人做事时离不开规矩和法度为事例，来说明按规则办事已是能力出众者的共识。

文章从巧匠和智者做事时善于利用规矩、法令的经验事实出发，谈到了依据法令治理国家的优越性。接下来具体谈到了在实际生活中，各行各业在规则已定的情况下，如何按照规矩办事，以及实行既定规则、标准后能收到的成效。

选文篇幅虽短，但说理清晰，语言坚定朴实，句式排列比较整齐。我们在诵读这篇选文时，可以将彼时的法令理解为一般的规则、准则。当时的巧匠和智者尚须借助规则来校验自己的行为，我们更应增强遵规守纪的自觉性，为良好职业习惯的养成打好基础。诵读时应断句准确，铿锵有力，读出雄健的气势。

【原文】节选※

qiǎo jiàng mù yì zhòng shéng rán bì xiān yǐ guī jǔ wéi dù
巧匠/目意[1]中[2]绳，然/必先以/规矩为度；

shàng zhì jié jǔ zhòng shì bì yǐ xiān wáng zhī fǎ wéi bǐ
上智[3]/捷举[4]中事，必以/先王之法/为比[5]。

gù shéng zhí ér wǎng mù zhuó zhǔn yí ér gāo kē xuē quán héng
故绳直/而枉[6]木斫，准夷[7]/而高科[8]削，权衡[9]

xuán ér zhòng yì qīng dǒu dàn shè ér duō yì shǎo gù yǐ fǎ
县/而重益轻，斗石[10]设/而多益少。故/以法

zhì guó jǔ cuò ér yǐ yǐ fǎ bù ē guì shéng bù náo qū fǎ
治国，举措而已矣。法不阿贵，绳不挠[11]曲。法

zhī suǒ jiā zhì zhě fú néng cí yǒng zhě fú gǎn zhēng
之所加[12]，智者/弗能辞[13]，勇者/弗敢争[14]。

【注释】

① 目意：目测。意，意料，猜测。

② 中：合乎，合适。

③ 上智：具有高度智慧的圣哲。

④ 捷举：办事敏捷。

⑤ 比：标准。

⑥ 枉：弯曲，不正。

⑦ 准夷：测量水平的器具放置平了。准，测量平的器具。夷，平，平坦。

⑧ 高科：凸起来和凹下去的地方。科，同“窠”，坎，坑。

⑨ 权衡：称量物体轻重的器具。

⑩ 斗石：斗和石都是中国古代计容积的量器。

⑪ 挠：屈服，迁就。

【译文】

巧匠用眼睛测量也能合乎墨线，但是必定先用规矩度量；智商极高的人办事敏捷且能把事情做得合适，但是也必定要用先王的法度作为标准。所以墨线直了，弯曲的木头就要被砍削；测量水平的器具放置平了，凸起来和凹下去的地方就要被削平；称具被悬起来称量轻重，就要减重补轻；量器被设定好来计算容积，就要减多补少。所以用法令来治理国家，就只是制定出来、推行下去而已。法令不偏袒地位高贵的人，墨绳不迁就弯曲的东西。法令应该予以制裁的，聪明的人不能用言辞推托，勇猛的人不敢用武力抗争。

⑫ 加：施以某种动作，施加。

⑬ 辞：躲避，推托。

⑭ 争：抗争。

※ 原文选自《韩非子集解》卷二，中华书局1998年版。

韩非子

【典籍简介】

《韩非子》一书，是先秦时代一部重要的文献，是集法家思想之大成的著作。该书比较系统地阐述了法家要求建立中央统一集权的封建国家的法治理论，重点宣扬了法、术、势三者并用的治国思想。《韩非子》今存55篇、20卷，从内容上看，大部分出于韩非之手。其语言文字尖锐锋利，逻辑缜密，善用寓言故事，文章风格在先秦子书中独树一帜。

第二节　拓展阅读

拓展阅读一　先贤说规矩

1. 欲知平直，则必准绳；欲知方圆，则必规矩；人主欲自知，则必直士。

出自《吕氏春秋·自知》。意思是：要想知道器物是否水平垂直，必须用墨绳来测量；要想知道方形和圆形的东西是否合乎标准，必须用圆规和曲尺来测试；君主要想了解自己，必须依靠正直之士。

2. 欲审曲直，莫如引绳；欲审是非，莫如引名；名之审于是非也，犹绳之审于曲直也。

出自汉代董仲舒的《春秋繁露·深察名号》。意思是：要想辨别弯曲笔直，不如用墨绳来测量；要想辨别是非对错，不如援引名称来衡量。名称对是非的详细分辨，如同墨绳对曲直的审察辨别。

3. 有法度之制者，不可巧以诈伪；有权衡之称者，不可欺以轻重；有寻丈之数者，不可差以长短。

出自《管子·明法》。意思是：有了法度的限定和裁断，人们就不能通过欺诈虚伪来投机取巧；有了权衡的称量，人们就不能利用缺斤短两来欺骗他人；有了寻丈（中国古代八尺为寻，十尺为丈）的计量，人们就不能利用长短不一来出差错。

4. 明主之国，令者，言最贵者也；法者，事最适者也。言无二贵，法不两适，故言行而不轨于法令者必禁。

出自《韩非子·问辩》。意思是：在有明君的国家里，指令是最尊贵的言辞，法规是处理政事最适当的准则。除指令以外，没有第二种尊贵的言辞；除法规以外，没有第二种适宜的准则。所以，不合乎法令的言论和行动必须加以禁止。

5. 大匠诲人，必以规矩；学者亦必以规矩。

出自《孟子·告子上》。意思是：技术高明的工匠教人时，必定要用圆规和曲尺，学习的人也一定要用圆规和曲尺。

6. 赏不遗疏远，罚不阿亲贵，以公平为规矩，以仁义为准绳。

出自唐代吴兢的《贞观政要·择官》。意思是：赏赐时不遗漏被疏远的臣子，处罚时不庇护亲信尊贵，以公平和仁义作为赏罚行为的依据和准绳。

7. 故欲成方圆而随其规矩，则万事之功形矣。而万物莫不有规矩，议言之士，计会规矩也。

出自《韩非子·解老》。意思是：要想画成方圆，就要顺从着圆规和曲尺，那么万事万物的功效就都显现出来了。而万事万物没有不按照规矩的，出谋献策的人，就是在思考如何合乎规矩。

8. 家有常业，虽饥不饿；国有常法，虽危不亡。

出自《韩非子·饰邪》。意思是：家庭有固定的产业，即使庄稼收成不好闹饥荒，也不会挨饿；国家有健全稳定的法制，即使遇到危险困难也不会灭亡。

拓展阅读二 约法三章

汉高祖刘邦

公元前206年，刘邦率领大军攻入关中，到达离秦都咸阳只有几十里路的霸上。子婴在仅当了46天的秦王后，向刘邦投降。刘邦进咸阳后，想住在王宫里，他的心腹樊哙和张良劝阻他别这样做，免得失掉人心。刘邦接受了他们的意见，便下令把王宫中的贵重财物和府库封好，并留下少数士兵保护王宫和藏有大量财宝的库房，随即退出，仍驻扎在霸上。刘邦招来各县的父老和有才德名望的人，对他们说："父老们被秦朝的严苛法令苦虐很久了，秦法把众位害苦了，应该全部废除。现在我和众位约定，不论是谁，都要遵守三条法律。这三条是：杀人者要处死，伤人者要抵罪，盗窃者也要判罪！"父老、豪杰们都表示拥护约法三章。接着，刘邦又派出大批人员，到各县各乡去宣传约法三章。百姓们听了，都热烈拥护，纷纷取了牛羊酒食来慰劳刘邦的军队。

第三节 人生感悟

读有所悟 万事有度，方能长久

"万事有度"中的"度"在本课中指的是法度、准则。国家、社会的正常运转是依靠特定的法则、规矩来进行的，没有这些法则、规矩，国家、社会就会陷入"乱套"的境地，严重时甚至会有亡国的危险。作为国家、社会中的个人，也应该遵照着既定的规则来办事。试想如果人人都以规则作为自己的行动准绳，我们所生活的这个社会必定井然有序，从而得以高效运转。在此基础上，我们所要完成的事情、达到的目标也就能如期甚至提前实现，国家得以长足发展，个人也能不断进步。

做好一件事、达到一项目标，事情和目标本身就有既定的标准，只有符合这些标准，才能真正有所收获。在平常的学习和生活中，需要有意识地强化规则观念，促进良好习惯的养成。

雅集图

知行合一 温故知新，学以致用

1. 温故知新

请熟读每课原文并记住下面名言。

① 天下从事者，不可以无法仪。

② 百工从事，皆有所法度。

③ 离娄之明，公输子之巧，不以规矩，不能成方圆。

④ 法不阿贵，绳不挠曲。

2. 见德思齐

① 写一件发生在你周围的遵规守纪的事情。

____

____

② 写出你认为良好的职业习惯。

____

____

3. 学以致用

① 你认为哪些行为是缺乏规则观念的?

② 你是如何培养规则意识的?

4. 与人为善

这一周你做了哪些有意义的事？请记录下来，让行善成为习惯。

笃实篇

“天下难事必作于易，天下大事必作于细。”踏实肯干、知行合一是中华民族崇尚的道德传统。古往今来，凡有所成就者，都在一次又一次的实践中不断提升自身的能力，从而实现最初的梦想。

作为一名职业院校的学生，践行笃实精神，首先需要树立一种崇尚技艺的心态，以坚定、踏实、精益求精的工匠品质为追求；其次要懂得空谈不如实干的道理，在行动中增强自身能力。从事了某种职业以后，要增强职业意识，养成认真踏实的工作态度。同时，也要注重团队合作，感悟团队精神的重要性。因此，本篇撷取中华经典中关于“笃实”的诗文，并将之分为“崇技匠心”“行胜于言”“恪尽职守”“协同合作”“家国情怀”五个部分让大家诵读。

对于我们职业院校的学生而言，掌握好一门技艺需要长期扎实的历练。希望同学们能在本课经典诗文的诵读中，以深厚的传统文化涵养实践力，在实践中成长为一名优秀的高技能人才。

第 12 课　崇技匠心

第一节　诵读名篇

诵读篇一　《斫轮》

战国　《庄子》

车行图

【导读】

本文出自《庄子 · 天道》，题目为编者所加。作者通过真实的工匠事例，形象深刻地向世人传达了熟能生巧的道理。

选文是一位有着丰富经验的车轮匠人的工作自述。文章通过记叙春秋时齐国有名的造车轮的匠人制作车轮的经验，旨在说明要想对某件事情得心应手，必须在长期的反复苦练中精益求精，如此方可达到目的。

选文语言质朴易懂，具有较强的说服力。诵读时注意断句准确，语调平正，突出平实的情感基调。

【原文】（节选）※

zhuó lún xú zé gān ér bù gù jí zé kǔ ér bù

斫①轮，徐/则甘②而不固，疾③/则苦④而不

rù bù xú bù jí dé zhī yú shǒu ér yìng yú xīn kǒu bù
入。不徐/不疾，得之于手/而应于心⑤，口/不

néng yán yǒu shù cún yān yú qí jiān chén bù néng yǐ yù chén
能言，有数⑥/存焉于其间。臣不能/以喻⑦/臣

zhī zǐ chén zhī zǐ yì bù néng shòu zhī yú chén shì yǐ xíng nián
之子，臣之子/亦不能/受之于臣，是以/行年⑧

qī shí ér lǎo zhuó lún
七十/而老斫轮。

【注释】

① 斫：用刀、斧等砍削。

② 甘：滑，滑动。

③ 疾：快。

④ 苦：涩，滞涩，不光滑。

⑤ 得之于手而应于心：手上做的与心里想的相应合。

⑥ 数：技艺，学术。

⑦ 喻：说明，使人了解。

⑧ 行年：年龄。

※ 原文选自《庄子集解》卷四，中华书局1987年版。

【译文】

砍削制作车轮，动作慢了，车轮就会松滑而不牢固；动作快了，车轮就会不光滑而难以安装。动作不慢不快，手上做的就会与心里想的相应合。这种得心应手的感觉，口里说不出来，但有奥妙的技术存在其中。我不能把这种技术讲给我的儿子，我的儿子也不能从我这里继承，所以我七十岁了还在斫轮。

【典籍简介】

《庄子》是道家学派的代表作之一，又名《南华经》或《南华真经》，相传为庄子及其后学所著。《庄子》一书收录了众多极具文采的散文，主要以寓言为艺术形式来反映庄子的思想，是先秦散文体裁的开拓者。全书分内、外、杂篇，原有五十二篇，目前所传三十三篇。其诙谐诡怪而又运用自如的语言、恣意徜徉的意趣，表达了作者对宇宙、自然、生命的独特体验与看法。

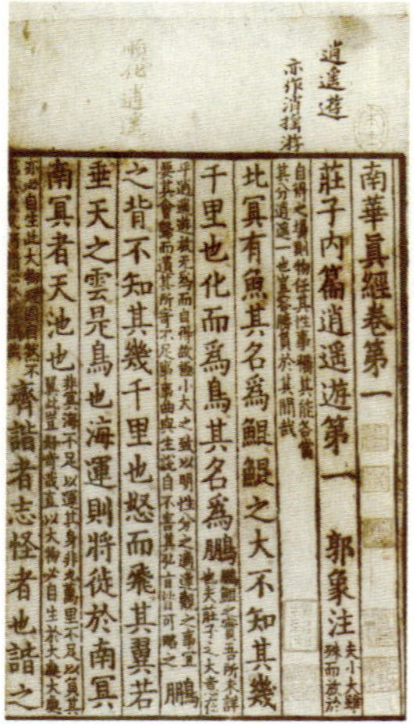
南華眞經卷第一
莊子内篇逍遥遊第一 郭象注
北冥有魚其名爲鯤鯤之大不知其幾
千里也化而爲鳥其名爲鵬
之背不知其幾千里也怒而飛其翼若
垂天之雲是鳥也海運則將徙於南冥
南冥者天池也
齊諧者志怪者也諧之

《庄子》书影

诵读篇二 《异业而同道》

明代　《王阳明全集》

【导读】

耕织图

此文出自《王阳明全集·节庵方公墓表》，题目为编者所加。1525年，王阳明守制居丧，在绍兴、余姚讲学期间，曾经为一个弃儒从商、名叫方麟的商人撰写墓表，本文是这篇墓表的节选。

作者开篇即提出自己的观点——“四民异业而同道”，认为士、农、工、商只是不同职业的划分，绝不代表着等级高下，士、农、工、商从事着不同的职业而遵循着共同的原则，即尽心和有利于生人之道。接着具体描述了士、农、工、商各自的职责所在，反复论证了“尽心”于四民的共通性。结尾处再次申明自己的观点，达到强调且引人深思的效果。

作为一名职业院校的学生，我们应当有一份崇尚技术的初心，如此方可不断前进。不管以后从事何种职业，都应该端正自己的心态。职业并无贵贱之分，只有工作尽心，精益求精，才能在职业领域拥有广阔的发展前景。

选文句式排列整齐，说理透彻。诵读时应断句准确，停顿到位，语速稍慢，注意认真领悟文意。

【原文】（节选）※

古者/四民[1]异业[2]/而同道，其/尽心焉，一[3]也。士以修治[4]，农以具养[5]，工以利器[6]，商以通货[7]，各就其/资[8]之所近，力之所及者/而业[9]焉，以求/尽其心。其归要[10]/在于有益于

shēng rén zhī dào zé yī ér yǐ shì nóng yǐ qí jìn xīn yú xiū
生人⑪之道，则一而已。士农／以其尽心于／修

zhì jù yǎng zhě ér lì qì tōng huò yóu qí shì yǔ nóng yě gōng
治具养者，而／利器通货，犹其／士与农也。工

shāng yǐ qí jìn xīn yú lì qì tōng huò zhě ér xiū zhì jù yǎng
商／以其尽心于／利器通货者，而／修治具养，

yóu qí gōng yǔ shāng yě gù yuē sì mín yì yè ér tóng dào
犹其／工与商也。故曰：四民异业／而同道。

【注释】

① 四民：旧称士、农、工、商为四民。

② 异业：不同的职业。

③ 一：相同，一样。

④ 修治：修理整治。

⑤ 具养：备办农具。

⑥ 利器：使工具有效。

⑦ 通货：使货物相通。

⑧ 资：资质，能力。

⑨ 业：从事。

⑩ 归要：归依和要旨。

⑪ 生人：人民。

※ 原文选自《王阳明全集》卷二十五，上海古籍出版社1992年版。

【译文】

自古以来，士、民、工、商都是从事不同的职业而奉行同一原则，即他们在本职工作上竭尽心思的态度是一样的。读书人用以修理整治的，农民用以备办农具的，工人使工具有效的，商人使货物相通的，都是取用与自己资质、能力相近而又力所能及的来从事，并且在所选择的职业上以竭尽心思为追求。这些不同的职业都以有利于人民为归依和要旨，这是他们相同的地方。读书人和农民以其在修理整治和备办农具上竭尽心思，而工人和商人之于使工具有效和货物相通，就如同读书人和农民一样。工人和商人以其在使工具有效和货物相通上竭尽心思，而读书人和农民之于修理整治和备办农具，就如同工人和商人一样。所以说，士、农、工、商都只是从事不同的职业却奉行同一原则。

【典籍简介】

《王阳明全集》是明代心学家王阳明的著述合集，以其讲学语录和诗

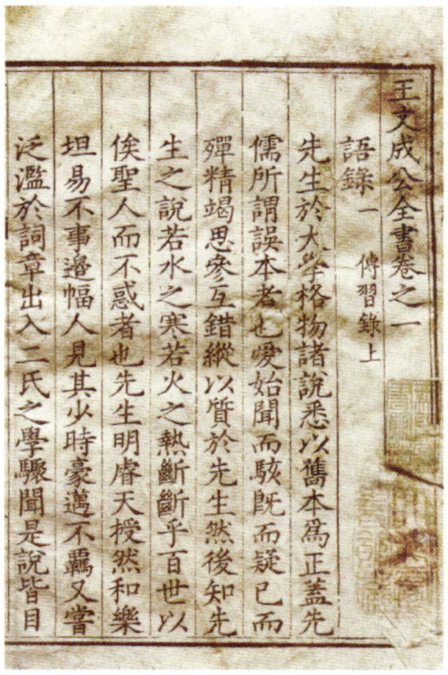
王文成公全書卷之一
語錄一　傳習錄上
先生於大學格物諸說悉以舊本爲正蓋先
儒所謂誤本者也愛始聞而駭既而疑已而
殫精竭思參互錯綜以質於先生然後知先
生之說若水之寒若火之熱斷斷乎百世以
俟聖人而不惑者也先生明睿天授然和樂
坦易不事邊幅人見其少時豪邁不羈又嘗
泛濫於詞章出入二氏之學驟聞是說皆目

《王阳明全集》书影

文著作为主要内容，是在《王文成公全书》的基础上增补编辑而成的。该书对于研究王阳明的生平、著作与学术、思想有重要价值。研究者可以利用该书，系统学习王阳明的心学体系，其中的“知行合一”思想是中国传统文化中的精华，学生可以从中汲取源泉动力。

诵读篇三 《君子之用功》

清代　曾国藩

【导读】

细流成河

此文出自《曾文正公家训》，题目为编者所加。本文是作者在治学修身中的随感，说明做事情只要勤加练习，逐渐积累就一定会收到效果。

选文开篇借用孔子的名言“欲速则不达”，来说明人们做事时需要按照此规则来进行。接着列举了自然界中常见的母鸡孵蛋、燕子筑巢、栽培树木、泉水流动四个例子，以此来论证只要努力下功夫，并持之以恒，在日积月累中就会渐显成效。作者选取的事例贴近生活实际，具有较强的感染力，从而增强了其论点的说服力。

选文用四个比喻句，形象生动地描述了君子用功的过程及在过程中逐渐发生的变化，选文句式匀称而又错落有致，行文流畅，诵读时应语速稍慢，突出节奏，语调平和，略带深沉。

【原文】（节选）※

kǒng zǐ yuē　yù sù　zé bù dá yě　shì gù　jūn zǐ zhī
孔子曰：“欲速/则不达也。”是故/君子之

yòng gōng yě　rú　jī fú luǎn　bù shě　ér　shēng qì　jiàn chōng
用功也。如/鸡伏卵①不舍②，而/生气③渐充；

rú yàn yíng cháo bù xī ér jié gòu jiàn láo rú zī péi
如/燕营巢④不息⑤，而/结构渐牢；如/滋培⑥
zhī mù bù jiàn qí zhǎng yǒu shí ér dà rú yǒu běn zhī quán
之木，不见其长，有时而大；如/有本之泉，
bù shě zhòu yè yíng kē ér hòu jìn fàng hū sì hǎi dàn zhī
不舍昼夜，盈科/而后进⑦，放乎四海。但知/
suǒ wèi gōng bù zhī suǒ wèi xiào ér xiào yì xú xú yǐ zhì yě
所谓功，不知/所谓效，而效/亦徐徐以至也。

【注释】

① 伏卵：用体温孵蛋。

② 不舍：不放弃，不停，持续不断。

③ 生气：生命的气息，生长发育的状态。

④ 营巢：搭建住所。

⑤ 不息：不停，不休止。

⑥ 滋培：栽培，养育。

⑦ 盈科而后进：泉水遇到坑洼，要充满之后才继续向前流。科，通“窠”，坎，坑。

※ 原文选自《曾文正公全集·杂著·笔记》，吉林人民出版社1995年版。

【译文】

孔子说：“欲速则不达。”因此君子下功夫做事时也是这个道理。这就如同母鸡孵蛋时持续不断，在这一过程中新的生命气息也渐渐充满；如同燕子筑巢时不休不止，在这一过程中鸟巢的结构也渐渐牢固；如同栽培树木时虽然看不见树木明显的成长，但随着时间的积累，会发现树木已经长大；如同有本源的泉水昼夜不停地流动，遇到坑洼时将之填满再继续向前流，一直注入海洋。只知道这样的过程叫作用功，却不知道这样的过程也会产生成效，其实只要努力下了功夫，就会慢慢收到成效。

【作者简介】

曾国藩（1811—1872），湖南长沙人，清末重臣，官至两江总督、直隶总督、武英殿大学士，谥号文正，中国近代政治家、文学家。作为近代史上引人注目的人物，曾国藩是清代咸丰、同治两朝的“中兴名臣”。曾国藩在政治、军事、经济、外交等方面对中国近代发展产生了重要的影响，可以说是中国近代化建设的开拓者。

曾国藩

第二节　拓展阅读

拓展阅读一　先贤说习技

1. 臣之所好者，道也，进乎技矣。

出自《庄子·养生主》。意思是：我所爱好的是道，已经超过技术的层次了。

2. 彼节者有间，而刀刃者无厚；以无厚入有间，恢恢乎其于游刃必有余地矣。

出自《庄子·养生主》。意思是：牛骨之间是有间隙的，而刀刃几乎是没有厚度的；以几乎没有厚度的刀刃切入有间隙的骨节之中，当然是宽阔广大而刀刃游走其中还有余地。

3. 匠石运斤成风，听而斫之，尽垩而鼻不伤，郢人立不失容。

出自《庄子·徐无鬼》。意思是：名叫石的木匠工人挥动斧头呼呼作响，随手劈下去削去了郢地人鼻尖上的白灰，小小的白灰被完全消除而郢地人的鼻子没有丝毫的损伤，郢地人站在那也无半点惊惶神色。

4. 天下未有心不在是事而是事能诣极者，亦未有心心在是事而是事不诣极者。心心在一艺，其艺必工；心心在一职，其职必举。

出自清代纪昀的《阅微草堂笔记》。意思是：天底下没有心思不在学习或工艺上，而能在学习或工艺上造诣深厚之人，也没有心思都花在学习或工艺上而造诣不深厚之人。心思都花在某一门技艺上，技艺必定能达到精巧；心思都花在某一项职务上，必定能有所成绩。

5. 由也升堂矣，未入于室也。

出自《论语·先进》。意思是：仲由鼓瑟的水平只是处于“升堂”的阶段，并未达到“入室”。

6. 取法于上，仅得为中；取法于中，故为其下。

出自唐太宗的《帝范》。意思是：以上等作为标准，只能收到中等的效果；以中等作为标准，只能收到下等的效果。

7. 知者创物，巧者述之，守之世，谓之工。百工之事，皆圣人之作也。

出自《周礼·考工记》。意思是：聪明、有才能的人创制器物，工巧的人加以传承，工匠世代遵循。百工制作的器物，都是圣人的创作发明。

8. 虽无仕人之业，常有济世之能，此工人之妙矣。

出自唐代后期的敦煌文献《二十五等人图并序》。意思是：虽然没有官职之人的功业，但却具有救助世人的技能，这就是工人的奇巧之处。

拓展阅读二　庖丁解牛

战国时期，有一位著名的厨师叫庖丁。这一天，庖丁为梁惠王宰杀一头肉牛。只见他手所接触的地方，肩所靠着的地方，脚所踩着的地方，膝所顶着的地方，都发出皮骨相离声，刀子伸进去时响声更大，这些声音没有不合乎音律的。他那宰牛时的动作竟然跟《桑竹》《经首》两首乐曲的节奏相合拍。

梁惠王不禁看呆了，高声赞叹道：“哎呀，真了不起！你的宰牛技术怎么会这么高超呢？”

庖丁解牛

庖丁赶紧放下刀，对梁惠王说：“我做事喜欢探究事物的规律，这比一般的技术技巧要更高一筹。我在刚开始学宰牛时，因为不了解牛的身体构造，眼前所见无非就是一头庞大的牛。等我有了三年的宰牛经验后，我对牛的构造就完全了解了。我再看牛时，出现在我眼前的就不再是一头整牛，而是很多可以拆卸下来的部件。现在我宰牛多了以后，就只需用心灵去感触牛，而不必用眼睛去看它。我知道牛的什么地方可以下刀，什么地方不能。我可以娴熟自如地按照牛的构造，将刀直接伸入其筋骨相连的空隙之处，利用这些空隙便不会使屠刀受到丝毫损伤。我既然连骨肉相连的部件都不会去硬碰，更何况大的盘结骨呢？一个技术高明的厨师因为是用刀割肉，一般需要一年换一把刀，而更多的厨工则是用刀去砍骨头，所以他们一个月就要换一把刀。我的这把刀已经用了19年了，宰杀过的牛不下千头，可是刀口还像刚在磨刀石上磨过一样锋利。这是为什么呢？因为牛的骨节处有空隙，而刀口又很薄，我用极薄的刀锋插入牛骨的间隙，自然显得宽绰而游刃有余了。所以，我这把用了19年的刀还像刚磨过的新刀一样。尽管如此，每当我遇到筋骨交错的地方，也常常感到难以下手，这时就要特别警惕，瞪大眼睛，动作放慢，用力要轻，等找到了关键部位，一刀下去就能将牛剖开，使其像泥土一样摊在地上。宰牛完毕，我提着刀站立起来，环顾四周，不免感到志得意满，浑身畅快。然后我就将刀擦拭干净，置于刀鞘之中，以备下次再用。”

第三节　人生感悟

读有所悟　不忘初心，坚守匠心

十年磨一剑

随着“工匠精神”首次被写入《政府工作报告》，时代对工匠精神的呼唤越发强烈。其实，工匠精神并不是舶来品，中国自古以来就不乏具有工匠精神之人。古代中国曾是世界上最大的原创之国、匠品出口国、匠人之国。中国的丝绸、瓷器、茶叶、漆器、金银器、壁纸等产品备受世界各国王宫贵族和富裕阶层的青睐。诵读传统文献中有关崇技匠心的经典篇章，我们能够切实感受到这些大国工匠高超的技艺水平。如何成为一名出色的工匠应该是我们诵读时加以思考的问题。

本课内容或许能给我们一些启示：首先应树立一份崇尚技艺之心，其次要摆正职业心态，然后就是在十年磨一剑的反复苦练中打磨自身技能。不忘记自己选择某种职业的初心，再加上持之以恒、精益求精的匠心，成为一名杰出工匠也就指日可待了。

知行合一 温故知新，学以致用

1. 温故知新

请熟读每课原文并记住下面名言。

① 不徐不疾，得之于手而应于心。

② 口不能言，有数存焉于其间。

③ 古者四民异业而同道，其尽心焉，一也。

④ 孔子曰："欲速则不达也。"是故君子之用功也。

⑤ 但知所谓功，不知所谓效，而效亦徐徐以至也。

2. 见德思齐

① 写出你最敬仰的工匠及其技术。

② 写出你最感兴趣的传统工艺。

3. 学以致用

① 你认为工匠精神包括哪些方面？

② 你是如何提升专业技能的？

4. 与人为善

这一周你做了哪些有意义的事？请记录下来，让行善成为习惯。

第13课　行胜于言

第一节　诵读名篇

诵读篇一　《诚之者》

春秋　《中庸》

【导读】

本文出自《礼记·中庸》，题目为编者所加。“诚之者”实际上是“之诚者”，“之”在这里用作动词，译为往、到，可以引申为追求、践行。前文作者论述了“诚”的境界，选文论述了追求、践行“诚”的路径。

选文从追求、践行“诚”的方法，即“择善而固执之”说起，围绕“善”谈到了博学、审问、慎思、明辨、笃行这些学习环节和方法。笃行作为其中的最后一环，其重要性自不待言。实践是认识的最终目的，在书本上学到的知识只有运用于实践，才能真正为我们所掌握。

“博学之，审问之，慎思之，明辨之，笃行之”是为学的正确路径。对于我们职业院校的学生而言，更要理解学以致用的意义，积极践行实干精神，在行动中提高技术水平。

溪桥辩学

选文句式排列整齐，语言质朴平实。诵读

时应语速舒缓，带着思考，在诵读中领悟其中蕴含的哲理。

【原文】（节选）※

chéng zhī zhě zé shàn ér gù zhí zhī zhě yě bó xué
诚[1]之者，择善/而固执[2]之/者也。博学[3]

zhī shěn wèn zhī shèn sī zhī míng biàn zhī dǔ xíng zhī
之，审问[4]之，慎思[5]之，明辨[6]之，笃行[7]之。

yǒu fú xué xué zhī fú néng fú cuò yě yǒu fú wèn
有[8]/弗[9]学，学之/弗能，弗措[10]也；有/弗问，

wèn zhī fú zhī fú cuò yě yǒu fú sī sī zhī fú dé
问之/弗知，弗措也；有/弗思，思之/弗得，

fú cuò yě yǒu fú biàn biàn zhī fú míng fú cuò yě yǒu
弗措也；有/弗辨，辨之/弗明，弗措也；有/

fú xíng xíng zhī fú dǔ fú cuò yě rén yī néng zhī jǐ
弗行，行之/弗笃，弗措也。人/一能之，己/

bǎi zhī rén shí néng zhī jǐ qiān zhī guǒ néng cǐ dào yǐ
百之；人/十能之，己/千之。果能[11]/此道矣，

suī yú bì míng suī róu bì qiáng
虽愚/必明，虽柔/必强。

【注释】

① 诚：真诚，诚实，真实无妄。

② 固执：坚守，不违背。

③ 博学：广泛地学习。

④ 审问：仔细地询问。

⑤ 慎思：认真地思考。

⑥ 明辨：明确地辨别。

⑦ 笃行：切实地实行。

⑧ 有：相当于“或”，或许，要么。

⑨ 弗：不。

⑩ 措：弃置，放弃。

⑪ 果能：如果真能。

※ 原文选自《礼记正义》卷五十三，北京大学出版社2000年版。

【译文】

追求、践行真诚的人，就是选择美好的目标并坚守不违背的人。广泛学习，仔细询问，认真思考，明确辨别，切实实行。要么不学，学了没有学会就绝不停止；要么不问，问了没有问明白就绝不停止；要么不想，想了没有所得就绝不停止；要么不辨别，辨别了没有明确就绝不停止；要么不实行，实行了没有切实做到就绝不停止。别人用一分的努力就能做到的，我用一百分的努力去做；别人用十分的努力就能做到的，我用一千分的努力去做。如果真能够做到这样，虽然愚笨也一定可以聪明起来，虽然

柔弱也一定可以刚强起来。

【典籍简介】

见前篇《君子慎其独》。

诵读篇二 《学之始终》

南宋 《近思录》

【导读】

树下读书图

此文出自《近思录 · 为学》，题目为编者所加。本文是北宋理学家程颐对《乾卦九三爻文言传》的注解，注解的文字恰好体现了为学的过程。

文章详细论述了为学的开始和终结，认为知在行之先，即先要接受知识的学习，了解至善之处后，才能谈努力践行。而为学的终结就在于身体力行，将所学知识运用于实践，这样才能学有所得，才能达到“进德居业”的目标。

知与行的关系历来是中国古代思想家论述的主题之一。对于我们职业院校的学生而言，拥有一技之长，关键在于坚持知行合一、坚持行胜于言，不夸夸其谈，将书本知识落到实处，在实践中强化知识的学习，做到学习过程的有始有终。

本文语言质朴，简洁洗练，说理深刻。诵读时要注意读准字音和韵律，放慢语速，把控节奏。

【原文】（节选）※

nèi jī zhōng xìn suǒ yǐ jìn dé yě zé yán dǔ zhì

内积/忠信，所以/进德①也。择言②/笃志③，

suǒ yǐ jū yè yě zhī zhì zhì zhì zhī zhì yě qiú zhī

所以/居业④也。知至⑤/至⑥之，致知⑦也。求知

所至/而后至之，知之在先，故/可与几[8]。所谓/“始条理者，知之事也”[9]。知终/终之，力行也。既知/所终，则力进/而终之。守之/在后，故/可与存义[10]。所谓/“终条理者，圣之事也”[11]。此/学之始终也。

【注释】

① 进德：使品德精进。

② 择言：选择恰当的言辞。

③ 笃志：专心致志，忠诚专一。

④ 居业：保有功业，立业。

⑤ 知至：知道进学之极处。至：至善、至精之处。

⑥ 至：到达，去。

⑦ 致知：推求穷究知识，以求达到完善的理解。

⑧ 几：事物发展的预兆。

⑨ 始条理者，知之事也：条理的开始在于知。

⑩ 存义：保全道义。

⑪ 终条理者，圣之事也：条理的终结在于圣。

※ 原文选自《近思录集释》卷二，岳麓书社2010年版。

【译文】

内心积累忠诚信实，是使品德精进的方法。选择恰当的言辞并坚守专一的心志，是建德立业、保有功业的方法。知道至善、至精之境界并努力达到，这样才能对知识形成完善的理解。追求知识的至善之地然后达到这一层次，是知在行之先，所以可以说是把握了事物发展的预兆。这就是孟子说的“条理的开始在于知”的意思。知道学习的最终环节并努力结束，这样就是努力践行。已经知道结束的环节了，就努力践行而结束它。坚守保持住所学得的东西是在这一过程之后，所以能够保全道义。就如同孟子所说的“条理的终结在于圣”一样。这就是为学的开始和终结。

【典籍简介】

《近思录》是南宋大儒朱熹与吕祖谦共同编纂的“北宋四子”——周敦颐、程颢、程颐、张载的语录。其形式近于《论语》，书名也来自《论语》中的“博学而笃志，切问而近思，仁在其中矣”。所谓近思，即切近之思，即与“人伦日用”密切相关的思想。作为宋代新儒学派诸子语录体裁的著作，《近思录》集宋儒理学之大成，具有极其丰富的思想内涵，对宣传、普及理学思想起了积极作用，历代传承，影响深远。

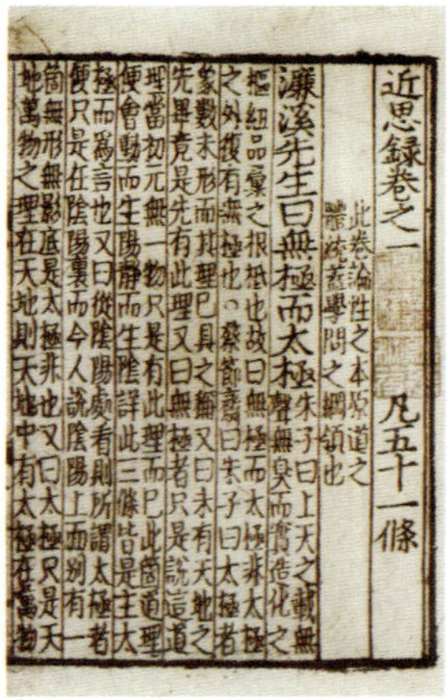
近思錄卷之一 凡五十一條
此卷論性之本原道之體統蓋學問之綱領也
濂溪先生曰無極而太極

《近思录》书影

诵读篇三 《冬夜读书示子聿》

南宋 陆游

【导读】

这首七言绝句是陆游于宋宁宗庆元五年（1199）的冬夜写作而成，当时陆游已经70多岁，诗题中的子聿是陆游的小儿子。这首诗是陆游一生学习经验的总结，更是他对儿子的勉励。

教子图

这是一首流传颇广的教子诗，诗人借此诗训示其子学习要竭尽全力、持续不断，并且要在实践中将书本上学到的知识加以应用，这样才能彻底理解、掌握所学的知识。陆游在诗的首句向其子说明了古人学习时不遗余力的事实，第二句笔锋一转，告诉其子即使古人从小就这么刻苦、努力学习，也是直至年老才学有所成。究其原因，诗人想传达的道理应该是：学习是一个持续不断的过程，必须经过长期的知识积累，才能真正有所成就。第三、四句是陆游自己的学习心得，此时陆游已到晚年，根据多年的学习经验，作者深知要想深入、透彻地认识事物，必须在实践中将从书本上学到的知识加以运用。

全诗饱含了作者对儿子的殷切期望，同时也体现了作者的教育理念，充满深邃的哲理意味。该诗内容言简意赅，语言质朴平实，读来琅琅上口。诵读时应怀有纯正、虔诚之心，认真领悟诗人教诲的真谛，感受劝勉之情。

【原文】※

古人/学问[1]/无遗力[2]，少壮[3]/工夫[4]/老始[5]成。纸上/得来/终[6]觉浅，绝知[7]/此事/要躬行[8]。

【注释】

① 学问：此处用作动词，学与问，学习和询问，泛指学习。

② 无遗力：没有保留力量，即竭尽全力。遗，保留、保存。

③ 少壮：年轻力壮的时候，指青少年时期。

④ 工夫：此处用作动词，下功夫，即花费时间和精力来学习。

⑤ 始：才，方才。

⑥ 终：终究，到底，总归。

⑦ 绝知：深入透彻地理解。

⑧ 躬行：身体力行，亲自实践。

【译文】

古人学习知识总是竭尽全力，不保留任何力量，他们也是从很小的时候开始就下苦功夫学习，直至老年才有所成就。从书本上得到的知识终究还是浅薄的，要想深入透彻地认识、理解事物，还必须自己亲身实践。

※ 原文选自《剑南诗稿校注》卷四十二，上海古籍出版社1985年版。

【作者简介】

陆游（1125—1210），字务观，号放翁，越州山阴（今浙江省绍兴市）人，南宋著名爱国诗人、词人。陆游所处时代正值宋王朝山河破碎、生灵涂炭的动荡时期，因而爱国主义精神成了陆游诗思想内容的核心。陆游一生著述丰富，有《剑南诗稿》《渭南文集》等数十种诗文集存世，存诗9000多首，是我国古代诗人中存诗数量最多的一人。陆游的诗文在艺术上、思想上取得了卓越成就。

陆游

第二节　拓展阅读

拓展阅读一　先贤说作为

1. 不闻不若闻之，闻之不若见之，见之不若知之，知之不若行之。

出自《荀子·儒效》。意思是：不听不如听到，听到不如看到，看到不如知道，知道不如亲自实践。

2. 闻之而不见，虽博必谬；见之而不知，虽识必妄；知之而不行，虽敦必困。

出自《荀子·儒效》。意思是：听到而没有看到，即使听到的很多，也必定会出现错误；看到却不知道，即使记住了，也必有错误；知道却不付诸实践，即使知识很多，也必将陷入困境。

3. 君子有三患：未之闻，患弗得闻也；既闻之，患弗得学也；既学之，患弗能行也。

出自《礼记·杂记下》。意思是：君子有三种忧虑：没有听闻过的东西，担心不能够听闻；已经听闻到的东西，担心不能够学会；已经学会的东西，担心不能够实践。

4. 有其言，无其行，君子耻之。

出自《礼记·杂记下》。意思是：有那样的言论，却没有与之相称的行为，君子以之为耻。

5. 耳闻之不如目见之，目见之不如足践之。

出自汉代刘向的《说苑·政理》。意思是：耳朵听到的不如眼睛看到的可靠，眼睛看到的不如亲自实践的可靠。

6. 合抱之木，生于毫末；九层之台，起于累土；千里之行，始于足下。

出自《道德经·第六十四章》。意思是：两臂才能围拢的大树是由细小的幼苗长成的，九层的高台是由一筐一筐的泥土堆积而成的，千里远的行程须从脚下开始。

7. 道虽迩，不行不至；事虽小，不为不成。

出自《荀子·修身》。意思是：路程即使很近，但如果不走就不能到达；事情虽然很小，但如果不实际去做就不能完成。

8. 临河而羡鱼，不如归家织网。

出自汉代淮南王刘安的《淮南子·说林训》。意思是：与其站在水边渴望得到鱼，不如回家织网（为捕鱼而做准备）。

拓展阅读二　纸上谈兵

胡人出猎图

赵括是战国时赵国大将赵奢的儿子。他从小熟读兵书，谈用兵之道时经常引经据典，说得很有条理，连他父亲都说不过他。赵括因此很骄傲，自以为天下无敌。然而赵奢却不这么认为，他甚至说：“我的儿子将来要是不做赵国的将军，那真是赵国的福气。万一不幸让他当上赵国的将军，那么毁掉赵国军队的一定是赵括。因为他从没上过战场，只会‘纸上谈兵’，一旦真的领兵打仗，肯定会出问题。”

知子莫若父。果然，秦昭王四十六年（前262），秦军又来犯，赵军在长平（今山西省高平附近）坚持抗敌。那时赵奢已经去世。赵国大将廉颇采取固守政策，坚守常平，和秦军相持了四个多月，秦军都没能攻下长平。

于是，秦王采用宰相范雎的离间计，到赵国散布谣言说：“秦兵所惧怕的，只有赵括一个人。廉颇是个无能之辈，只会据守，再过些日子他就要投降了。”

赵王听信了谣言，便派赵括去替代廉颇领兵。临走之前，赵王问他说：“你能击败秦军，为国争光吗？”赵括大言不惭地说：“我定会把秦兵打得落花流水。”

于是赵括在接掌兵权后，立刻改变固守的策略，秦军主将白起听说赵国军队换将后，便立刻调兵断绝了赵军的粮草，围困了赵军。四十六天后赵国士兵饥饿难耐，赵括带领精锐的士兵亲自上阵战斗。赵括的军队大败，赵括也在突围中被乱箭射杀。

第三节　人生感悟

读有所悟　读万卷书，行万里路

松下读书图

清代钱泳的《履园丛话》中说：“读万卷书，行万里路，二者不可偏废。”在古人看来，读万卷书和行万里路都能使人开阔眼界，增长见识，但书本更多的是给人们提供一个获取知识的窗口，要想真正、彻底地掌握知识、提升能力，还是要走出门去，进行社会实践。“读万卷书，行万里路”分析了书本知识和亲身实践的辩证关系，阐明了真正掌握知识的途径，即最终需要将万卷书的知识在行万里路的过程中加以实践。

“物有甘苦，尝之者识；道有夷险，履之者知。”对于我们职业院校的学生而言，只有在实际的技能训练中，才能明白自己对所学技术的掌握程度，才能清楚自己的弱项和不足，从而有针对性地加以改进。经过多次反复的磨炼，将书本上的知识转化为实际能力，学生也能够逐渐成长为技能型人才。

知行合一 温故知新，学以致用

1. 温故知新

请熟读每课原文并记住下面的名言。

① 博学之，审问之，慎思之，明辨之，笃行之。

② 有弗行，行之弗笃，弗措也。

③ 人一能之，己百之。人十能之，己千之。

④ 知终终之，力行也。既知所终，则力进而终之。

⑤ 纸上得来终觉浅，绝知此事要躬行。

2. 见德思齐

① 写出你认为周围最注重实践的同学及其具体事迹。

② 写出你认为具有实干精神的古人及其具体事迹。

3. 学以致用

① 你认为应该怎样提高行动力?

② 你是如何在实际行动中掌握一技之长的?

4. 与人为善

这一周你做了哪些有意义的事？请记录下来，让行善成为习惯。

第 14 课　恪尽职守

第一节　诵读名篇

诵读篇一　《执事敬》

春秋　《论语》

【导读】

本文辑录自《论语》，题目为编者所加。

第一段节选自《论语·学而》。孔子在谈论如何治理国家时，提到了要“敬事”。这里的“敬事”是恭谨、慎重地处理事情，与懈怠、怠慢应付事情相对。

第二段节选自《论语·公冶长》。孔子在评论郑国开明而有建树的政治家子产时说，子产侍奉国君恭敬。侍奉国君是子产分内之事，他是以敬的态度对待分内之事的。

孔子执敬图

第三段节选自《论语·子路》。樊迟向孔子请教怎样才能称得上仁，孔子提到了非常重要的一个方面是做事要谨慎尽职，而且这一原则不管身处何处都不可背弃。仁是孔子的核心思想之一，孔子对樊迟的回答中包括了“执事敬”，可见其重要性。

第四段节选自《论语·卫灵公》。孔子在谈论侍奉君主时，再次提到了要谨慎、恭谨地做好分内的事。侍奉君主在当时应该是最为显要的工作之一，“敬”的重要性不言而喻。

以上选段提到的“敬”，都是指对待工作要严肃认真，谨慎恭敬，尽职尽责，尽心尽力，而不能玩忽职守，懈怠散漫。对于职业院校的学生而言，须明白这种敬业精神是做好工作、取得事业成功的前提和保证。

选文代表了孔子关于工作态度的主要观点，学习时要认真体会其中之深义。文段语言简洁精练，诵读时应读准字音和节奏，读出其韵味和智慧。

【原文】※

zǐ yuē dǎo qiān shèng zhī guó jìng shì ér xìn jié yòng ér ài rén shǐ mín yǐ shí

子曰：“道①千乘之国②，敬事③/而信，节用④/而爱人，使⑤民/以时⑥。”

zǐ wèi zǐ chǎn yǒu jūn zǐ zhī dào sì yān qí xíng jǐ yě gōng qí shì shàng yě jìng qí yǎng mín yě huì qí shǐ mín yě yì

子谓子产⑦：“有/君子之道/四焉：其/行己⑧也恭，其/事上⑨也敬，其/养⑩民也惠⑪，其/使民也义⑫。”

fán chí wèn rén zǐ yuē jū chǔ gōng zhí shì jìng yǔ rén zhōng suī zhī yí dí bù kě qì yě

樊迟⑬/问仁，子曰：“居处⑭/恭，执事⑮/敬，与人/忠。虽之⑯夷狄，不可弃也。”

zǐ yuē shì jūn jìng qí shì ér hòu qí shí

子曰：“事君，敬其事/而后其食⑰。”

【注释】

① 道：此处作动词，引导，治理。

② 千乘之国：拥有一千辆兵车的国家。乘，古代称兵车，四马一车为一乘。

③ 敬事：恭谨、慎重处事。

④ 节用：节约用度。

⑤ 使：役用，役使。

【译文】

孔子说：“治理一个实力雄厚的诸侯大国，要谨慎处事还要恪守信用，要节约用度还要爱护民众，同时役使百姓也要适时而行”。

孔子评论子产说：“他有君子的四种德行：他为人谦逊，他侍奉国君恭敬，他养护百姓有恩德，他使用民力合乎道义。”

⑥ 以时：适时。

⑦ 子产：春秋时期郑国大夫。其人博洽多闻，长于政治。

⑧ 行己：自己的行为。

⑨ 事上：侍奉国君。

⑩ 养：养护。

⑪ 惠：有恩德。

⑫ 义：合于道义。

⑬ 樊迟：姓樊，名须，字子迟，孔子弟子。

⑭ 居处：平常仪容举止。

⑮ 执事：做事，行事。

⑯ 之：此处作动词，到。

⑰ 后其食：把俸禄方面的考虑放在后面。食：俸禄。

※ 原文选自《论语注疏》卷十五，北京大学出版社2000年版。

【典籍简介】

见前篇《问仁》。

樊迟问怎样才能称得上“仁”，孔子说：“平常仪容举止恭敬有礼，做事认真尽责，待人忠厚诚信。即使到了偏远的夷狄之地，也不可背弃这些准则。”

孔子说：“侍奉君主，应当谨慎地做好自己职责所在之事，而把俸禄方面的考虑放在后面。”

诵读篇二 《蜀相》

唐代 杜甫

【导读】

《蜀相》一诗作于唐肃宗上元元年（760）的春天，杜甫在游历成都武侯祠之后，有感而发，随即写下了这首感人肺腑的咏史诗。诗题“蜀相”，写的就是三国时期蜀国著名的丞相诸葛亮。

杜甫的这首诗，在历代赞颂诸葛亮的诗篇中，堪称千古绝唱。诗的首联（一、二句）采用带有咏叹情调的自问自答句式，把对蜀相诸葛亮的追思缅怀做了深切的表达，“丞相”的称呼则表露了诗人对诸葛亮的敬仰。颔联（三、四句）是对祠堂庭宇景色的描写，春意盎然的景色反衬出了作者内心的悲凉。颈联（五、六句）是对诸葛亮一生的高度概括，写出了诸葛武侯的雄才大略和丰功伟绩，表现了他尽忠职守、甘于奉献的精神品格。尾联（七、八句）通过描写诸葛亮病亡军中而功业未成的不幸，表达了诗人的痛惜心情和对诸葛亮献身精神的崇高景仰。

三顾茅庐

全诗表达了诗人对诸葛亮才智品德的崇敬和尽心尽力辅佐蜀国两朝直至奉献终生的称颂，同时也抒发了对诸葛亮功业未遂的感叹。这首诗是杜甫诗风的典型之作，沉郁顿挫，雄浑悲壮。

在诵读这首诗时，要重点体会诗人对诸葛亮一生尽职尽责的描述，感受诸葛亮鞠躬尽瘁、死而后已的精神，从而加强对自身责任意识和敬业品质的培养。诵读时应语速稍慢，语调低缓，突出崇敬、深沉、感伤的情感基调。

【原文】（节选）※

chéngxiàng cí táng hé chù xún jǐn guān chéng wài bǎi sēn sēn
丞相/祠堂①/何处寻，锦官城②外/柏森森③。

yìng jiē bì cǎo zì chūn sè gé yè huáng lí kōng hǎo yīn
映阶/碧草/自④春色，隔叶/黄鹂/空⑤好音。

sān gù pín fán tiān xià jì liǎng cháo kāi jì lǎo chén xīn
三顾⑥/频烦⑦/天下计，两朝⑧/开济⑨/老臣心。

chū shī wèi jié shēn xiān sǐ cháng shǐ yīng xióng lèi mǎn jīn
出师⑩/未捷⑪/身先死，长使/英雄/泪满襟⑫。

【注释】

① 祠堂：诸葛武侯祠，在现在的成都市。

【译文】

蜀相诸葛亮的祠堂要到哪里去寻找？在锦官城外那柏树茂盛的地方。

② 锦官城：成都的别称。

③ 森森：茂密繁盛的样子。

④ 自：空，白白地。

⑤ 空：徒然，白白地。

⑥ 三顾：指刘备三顾诸葛亮的茅庐，恳请诸葛亮辅佐自己完成兴复汉室大业。

⑦ 频烦：即“频繁”，多次。

⑧ 两朝：刘备、刘禅父子两朝。

⑨ 开济：开创扶助。

⑩ 出师：出兵作战。

⑪ 捷：战胜。

⑫ 襟：衣服的胸前部分。

※ 原文选自《杜诗详注》卷九，中华书局1979年版。

绿草照映台阶白白地形成一片春色，隔着树叶的黄鹂徒有好听的声音。

当年先主曾三顾茅庐与您多次讨论天下大计，您辅佐两代君主开国创业、忠心耿耿。

可惜您出兵作战还没有取得最后的胜利就病亡军中，常使后世的英雄为此落泪沾满了胸前的衣襟。

【作者简介】

杜甫

杜甫（712—770），字子美，自号“少陵野老”，世称“杜工部”“杜少陵”等，河南巩县（今河南省巩义市）人，唐代伟大的现实主义诗人，被世人尊为“诗圣”，与李白（被尊为“诗仙”）合称“李杜”。杜甫早年生活相对安定，反映在诗文上的风格就是豪迈大气。之后仕途不顺，经历了多年的颠沛流离，也看尽了世间百态和百姓疾苦，写下了不少反映现实的诗篇，因而其诗被称为“诗史”。杜甫一生忧国忧民，心系天下，其诗文在中国文学史上备受推崇、影响深远，后人编有《杜工部集》存世。

诵读篇三 《敬业乐业》

清代 《传家宝》

【导读】

耕织图

此文段出自清代学者石成金编著的《传家宝》，题目为编者所加。这部书把人们普遍关注的各种人生问题都综汇其中，包罗古往今来世间人情之万象。本文是作者提出的职业要求。

选文从古代士农工商这一职业划分出发，分别阐述了读书者、务农者、艺业者、商贾者应当遵守的职业要求。这些职业要求虽然各不相同，但都透露出敬业乐业的职业道德规范。古往今来，中国人正是在这种道德规范的熏陶下，在自己的岗位上辛勤工作，努力做好分内之事，从而推动社会向前发展。

对于我们职业院校的学生而言，可以以本文中艺业者应当遵守的职业要求为学习技艺时奉行之准则，在实际训练中锤炼个人技艺，追求更加高超、娴熟的技术水平。走上工作岗位后，应以认真踏实的态度对待工作，尽职尽责。

本文语言明白质朴、通俗易懂，句式排列整齐，读起来朗朗上口。诵读时注意读准字音，把握好韵律和节奏，仔细品味其中的为人处世之道。

【原文】（节选）※

读书者，当/闭户①发愤②，只③愧/学问无成，哪管/窗外闲事；务农者，当/用力南田④，唯知/及时耕种，切莫/悬耜⑤妄为；艺业者，当/居肆⑥成工⑦，务以/技能取利，勿生/邪念

kuàng xián shāng gǔ zhě dāng jié lì jīng yíng yī wèi gōng píng
旷⑧闲；商贾⑨者，当/竭力经营，一味⑩/公平
rěn nài wú yǐ qí qiǎo qī rén
忍耐，毋⑪以/奇巧⑫欺人。

【注释】

① 闭户：不干预外事，刻苦读书。

② 发愤：决心努力。

③ 只：仅。

④ 南田：指农田，古人田地多开辟于南面向阳处，故称南田。

⑤ 悬耜：挂起农具。指停止耕作，荒废农事。耜，中国古代翻土农具耒耜的下端。

⑥ 肆：手工业作坊。

⑦ 工：技术和技术修养。

⑧ 旷：荒废，耽误。

⑨ 商贾：商人。商：古时特指行商。贾：古时特指设店售货的坐商。

⑩ 一味：一直。

⑪ 毋：不要。

⑫ 奇巧：奇诡巧诈。

※ 原文选自《传家宝全集》，中州古籍出版社2000年版。

【译文】

以读书为业的人，应当心无旁骛，刻苦努力，因学无所成而愧疚，不管窗外闲事。以农为业的人，应当专心致力于农事，知道及时耕耘与种植，千万不要停止耕作、任意妄为、荒废农事；以技艺为业的人，应当在作坊磨炼技术、提高素养，以凭借技能获取利益为追求，不要产生不正当的念头而赋闲荒废；以买卖商品为业的人，应当用尽全力谋划安排，一直秉承公平的原则，忍让宽容，不要以奇诡巧诈之术欺骗别人。

【典籍简介】

《传家宝》是清代学者石成金从中国古代浩瀚的文献资料中遴选辑录而成的。书中既收录了历代圣哲的代表作品，也不乏古往今来饱含世间万象之文章。《传家宝》这部百万言的巨著，从修身齐家到待人处世，从学

习工作到娱乐休闲，从各行各业的经营之道到延年益寿的奇方妙法，无不博采兼收。该书的一个重要特色在于语言风格，大多采用明白晓畅的文字，亦庄亦谐，妙语连篇。此书在清代发行之后，迅速流传，被时人称为传家之至宝、劝世之良规。

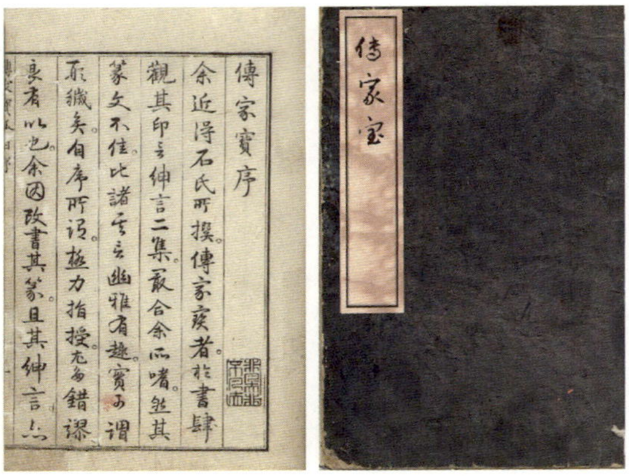

《传家宝》书影

第二节　拓展阅读

拓展阅读一　先贤说职守

1. 君子素其位而行，不愿乎其外。

出自《礼记·中庸》。意思是：君子在现在所处的职位上，努力做好应当做的事情，同时不超越职限。

2. 饱食终日，无所用心，难矣哉！

出自《论语·阳货》，意思是：整天吃饱了饭，什么心思也不用，不去做正事，这种人很难有道德和事业上的进步啊！

3. 虽天地之大，万物之多，而唯吾蜩翼之知。

出自《庄子·达生》。意思是：虽然天地很大，万物品类很多，我一心只注意蝉的翅膀。形容做事时专心致志的样子。

4. 欲为君，尽君道；欲为臣，尽臣道。二者皆法尧舜而已矣。

出自《孟子·离娄上》。意思是：想要做君主，就要努力做好君主的本职工作；想要做臣子，就要努力做好臣子的本职工作。这二者不过是效法尧舜罢了。

5. 百工忠信而不楛，则器用巧便而财不匮矣。

出自《荀子·王霸》。意思是：工人忠诚信实，就不会粗制滥造，那么器械用具就制作得轻巧灵便，而资材也不会缺乏了。

6. 凡百事之成也，必在敬之；其败也，必在慢之。故敬胜怠则吉，怠胜敬则灭。

出自《荀子·议兵》。意思是：大凡各种事情成功一定在于慎重，失败一定在于怠慢。所以慎重胜过怠慢事情发展就吉利，怠慢胜过慎重就招致灭亡。

7. 主一无适便是敬。

出自宋代朱熹的《论语集注》。意思是：凡做一件事，便忠于一件事，将全部精力集中到这件事上，心无旁骛，便是敬。

8. 坐这山，望那山，人而无恒，终身一无所成。

出自清代曾国藩的《曾国藩家书》。意思是：不专心于自己目前能做的事情，却总是想着其他的事情，最终会一事无成。

大禹像

拓展阅读二 大禹治水三过家门而不入

大禹是中国古代的治水英雄。尧帝在世的时候，中原地带洪水泛滥，百姓流离失所，很多人只能背井离乡。这种情况下，尧帝决心要消除水患，于是开始寻访能治理洪水的人。各个部落的人推举鲧，鲧是禹的父亲。鲧用围堵的办法治水，治了九年，大水还是没有消退，于是他被后来管理朝政的舜帝革去了职务流放到羽山。后来舜再次寻访治水的人，大臣们都推荐禹，认为禹的德行能力都比他的父亲强。舜并没有因为禹是鲧的儿子，而轻视他，而是很快把治水的大任交给了他，又派伯益和后稷两位贤臣和他一道，协助他的工作。

大禹是一个贤良的人，他并不因舜处罚了他的父亲就记恨在心，而是欣然接受了这一任务。他暗暗下定决心：“我的父亲因为没有治好水，而给百姓带来了苦难，我一定努力治水，让百姓过上安定的生活。”

为了治水，大禹忙碌奔波，一去十三年，曾经三次经过家门而不入：第一次经过家门时，听到他的妻子正在分娩，还有婴儿的哭声。手下劝他去看看妻儿，他怕耽误治水，没有进去；第二次经过家门时，他的儿子正在妻子怀里向他招手，但这正是治水的紧张时期，他只是挥了挥手打了声招呼，就走过去了；第三次经过家门时，儿子已长到十多岁了，只听见屋里妻子在对儿子说：“你爹爹治平了洪水就回家。”大禹听得非常感动，更坚定了治水的决心，立刻又转身上路了。

第三节　人生感悟

读有所悟　居之无倦，行之以忠

《论语》中记载孔子的弟子子张曾向孔子请教如何从政，孔子回答他说“居之无倦，行之以忠”，即处在自己的职位上要勤勉不倦，执行政令要忠心耿耿。从政也是职业选择的一种，推而言之，“居之无倦，行之以忠”可以被视为对待一切工作岗位应有的态度。一个人无论从事什么工作，都应当在其位谋其政，勤勤恳恳，忠于职守。

在现代社会，各种新鲜事物层出不穷，职场中人容易对现有工作产生倦怠，以散漫的态度对待工作或者频繁跳槽。对于职业院校的学生而言，在现有阶段要不断发掘自己对所学技艺的兴趣，在兴趣的激励下扎实磨炼技术，不断提高自己的技术水平。只有在技术水平提高的前提下，才有可能取得成绩，再在成绩的激励下保持对所学技艺的热情，从而形成一个良性循环。只有这样，我们才真正做到了敬业，并努力达到一种乐业的状态。

知行合一　温故知新，学以致用

1. 温故知新

请熟读每课原文并记住下面名言。

① 居处恭，执事敬，与人忠。

② 事君，敬其事而后其食。

③ 三顾频烦天下计，两朝开济老臣心。

④ 艺业者，当居肆成工，务以技能取利，勿生邪念旷闲。

2. 见德思齐

① 写出你周围敬业的老师及其具体事迹。

② 写出你认为具有敬业精神的古人及其具体事迹。

3. 学以致用

① 你认为应该怎样培养敬业品质?

② 你认为怎样才能做到乐业?

4. 与人为善

这一周你做了哪些有意义的事？请记录下来，让行善成为习惯。

第 15 课　协同合作

第一节　诵读名篇

诵读篇一 《同人同心》

春秋　《周易·系辞上》

【导读】

本文出自《周易 · 系辞上》，题目为编者所加。文段是《周易 · 系辞上》中孔子对同人卦九五爻辞所做的解读。

孔子从君子为人处世之道出发，认为君子在外出行事和抒发议论之时，需要寻求和同。与人协作的力量之大就如同利刃可以切断坚硬的金属，而心意相通的言语则令人顿觉芬芳。

文中“二人同心，其利断金”一句，于后世被广泛流传，影响深远。对于我们职业院校的学生而言，制作一件成品或完成一道工序往往需要与他人通力合作，为此我们需要明白合作的力量远远大于一个人的力量，团结起来才能实现共赢。

伯夷与叔齐

本文言简意赅，句式排列整齐，诵读时注意读准字音，语速稍慢，语调平直。

【原文】（节选）※

tóng rén xiān háo táo ér hòu xiào zǐ yuē jūn zǐ zhī

“同人[1]先号咷[2]/而后笑。”子曰：“君子之

dào huò chū huò chǔ huò mò huò yǔ èr rén tóng

道[3]，或出[4]/或处[5]，或默[6]/或语[7]。二人同

xīn qí lì duàn jīn tóng xīn zhī yán qí xiù rú lán

心，其利/断金[8]；同心之言，其臭[9]/如兰。”

【注释】

① 同人：此处指《周易》同人卦的九五爻辞。

② 号咷：咷，通“啕”，号啕，大声痛哭。

③ 道：此处指处世待人的道理。

④ 或出：有时外出行事。或，有时。

⑤ 或处：有时安居静处。

⑥ 或默：有时沉默寡言。

⑦ 或语：有时畅发议论。

⑧ 金：金属的通称。

⑨ 臭：气味。

※ 原文选自《周易正义》卷七，北京大学出版社2000年版。

【译文】

同人卦的九五爻辞里说道：“与人和同，起先痛哭号啕，而后欣喜欢笑。”孔子对此解释说：“君子为人处世的道理包括：有时需要外出行事，有时需要安居静处，有时可以沉默寡言，有时则要畅发议论。两人齐心协力，就如同利刃可以切断金属。心意相通的语言，其气味像兰花一样芳香。

【典籍简介】

《周易》最初是周代的占卜之书，大约成书于西周初年，现已被认为是中国古代哲学的奠基之作。这部书结构特殊，既有符号，也有文字，同时也有其规律可循。现在所说的《周易》包括《易经》和《易传》两部

分。《易经》是古经，由六十四卦构成，每卦六爻，包括卦名、卦象、卦辞和爻辞。《易传》是目前所见最早的一部解释《易经》的著作，相传为孔子所作。在传统易学中，《易传》的地位很高，与《易经》同居经典的位置。因《周易》一书反映了先人的生活智慧，早在春秋时期，其影响就超过了占卜的范围。《周易》包含的内容十分广泛，后世的评价是：“易道广大，无所不包。”

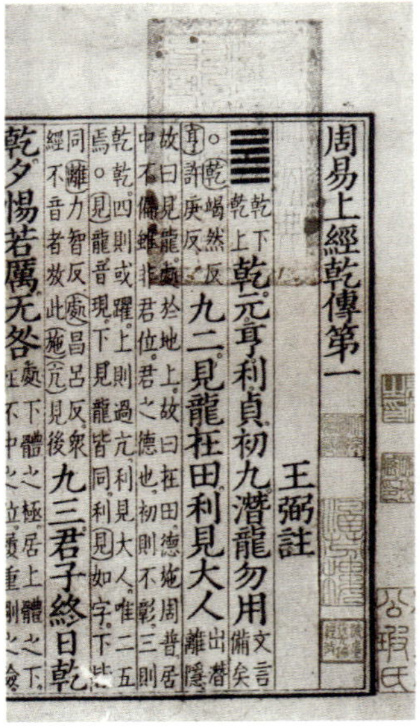

周易上經乾傳第一
王弼註
乾下乾上 乾元亨利貞初九潛龍勿用
九二見龍在田利見大人
九三君子終日乾
乾夕惕若厲无咎

《周易》书影

诵读篇二 《上下同欲者胜》

春秋 《孙子兵法》

【导读】

本文出自《孙子兵法·谋攻篇》，题目为编者所加。《孙子兵法》是中国古代著名的兵书，是古代军事思想精华的集中体现。

本文节选的《谋攻篇》讲的是用计谋来战胜敌人，阐述了预知作战取胜的五条准则，这五条准则是预知胜利的重要途径。五条之一的“上下同欲者胜”讲的是军队上下要有共同的愿望，齐心协力，才能取得胜利。没有齐心就没有合力，没有同向就没有同步。心思一致、愿望相同，军队上下才能劲往一处使，才能形成巨大的合力，获胜的可能性自然也就会大大增加。

军队也是一个团队，“上下同欲”之于军队，就是齐心协力之于团队。

东丹王出行图

对于我们职业院校的学生而言，要意识到团队合作的重要性，愿意与他人合作，学会与他人合作，在合作中提高效率。

选文语言凝练，短小精悍，诵读时注意读准字音和节奏，注意语气的坚定，一气呵成。

【原文】（节选）※

zhī shèng yǒu wǔ zhī kě yǐ zhàn yǔ bù kě yǐ zhàn zhě
知①胜/有五：知/可以战/与不可以战者/
shèng shí zhòng guǎ zhī yòng zhě shèng shàng xià tóng yù zhě shèng
胜，识②/众寡③之用④者/胜，上下同欲⑤者/胜，
yǐ yú dài bù yú zhě shèng jiàng néng ér jūn bù yù zhě
以虞⑥待⑦不虞者/胜，将能⑧/而君不御⑨者/
shèng cǐ wǔ zhě zhī shèng zhī dào yě
胜。此五者，知胜/之道也。

【注释】

① 知：预知，提前知晓。
② 识：懂得。
③ 众寡：此处指兵力的多与少。
④ 用：用法。
⑤ 同欲：共同的愿望。
⑥ 虞：准备，防范。
⑦ 待：防备。
⑧ 能：有能力，有才干。
⑨ 不御：不阻止，不干预。

【译文】

预知取胜的准则有五条：知道什么情况下可以作战或不可以作战，才能取得胜利；懂得兵力多少的不同用法，才能取得胜利；军队上下有共同的心志，齐心协力，才能取得胜利；以做好准备的军队防范没有准备的敌人，才能取得胜利；将帅有能力而君主不加以干预，才能取得胜利。这五条准则，是预知胜利的方法。

※ 原文选自《十一家注孙子校理》卷上，中华书局1999年版。

【典籍简介】

《孙子兵法》是我国现存最早的一部兵书，历来备受推崇，研习者辈出。相传其作者为春秋时期的齐人孙武，也有人认为该书是由孙武的后世子孙孙膑整理而成。该书流传至今，共有十三篇，内容博大精深，逻辑缜密严谨，且不乏实践经验，是我国古代军事文化的璀璨瑰宝。自问世以

来，《孙子兵法》对中国古代军事思想的发展产生了极其重大的影响，被奉为“兵经”“百世谈兵之祖”等。其中一些古老的军事格言如“知彼知己，百战不殆”等，早已成为现代生活的智慧而被广泛流传。

孙子

诵读篇三 《天时不如地利，地利不如人和》

战国 《孟子》

【导读】

本文出自《孟子·公孙丑下》，题目为编者所加。本文是孟子从军事方面论述团结协作的重要性的文章。

选文中“天时”是指天气情况适宜攻战，“地利”是指地形地势上的优势，“人和”是指万众一心、众志成城。作者详细地论述了三者的关系，占据天气情况优势的一方在围攻一座小城时不能取得胜利，究其原因，是小城易守难攻，所以说天时不如地利。在另外一种情况下，一座城市具备得天独厚的条件，即易守难攻，而守城的士兵却弃城而逃，这一事例就说明了地利不如人和。通过具体的事例论证，作者想传达的是，在军事作战上，相比天时、地利而言，士兵的团结一致、齐心协力更为重要，是取得胜利的决定性因素。

作为生存在社会中的个人，需要明白完成某项任务离不开他人的协助

入跸图

与配合，在实践中发扬团队精神是我们需要长期坚持、一以贯之的品格。

选文说理透彻，排句整齐，气势浑厚。诵读时应语速稍慢，语气坚定，语调明快有力。

【原文】（节选）※

天时/不如地利，地利/不如人和。三里之城①，七里之郭②，环③而攻之/而不胜。夫/环而攻之，必有/得天时者矣，然而/不胜者，是/天时不如地利也。城/非不高也，池④/非不深也，兵⑤革⑥/非不坚利也，米粟⑦/非不多也，委⑧而去之，是/地利不如人和也。

【注释】

① 城：都邑四周用作防御的内城墙。

② 郭：都邑四周用作防御的外城墙。

③ 环：围绕。

④ 池：护城河。

⑤ 兵：武器。

⑥ 革：皮革，指盔甲衣胄。

⑦ 米粟：泛指作战所需之粮草。粟，小米。

⑧ 委：放弃，丢弃。

※ 原文选自《孟子注疏》卷四，北京大学出版社2000年版。

【译文】

有利的天气情况不如有利的地形地势，有利的地形地势不如人的齐心协力。有一座小城，内城墙三里，外城墙七里，四面围攻它却不能够攻破。在四面围攻的过程中，一定有遇到天气适宜攻战的时候，却不能攻破，这说明有利的天气情况不如有利的地形地势。又比如，另一种情况下的守城者，城墙不是不高，护城河不是不深，兵器和盔甲不是不锐利和坚固，粮草也不是不充足，但还是弃城逃走了，这就说明有利的地形地势不如人的齐心协力。

【典籍简介】

见前篇《君子莫大乎与人为善》。

第二节　拓展阅读

拓展阅读一　先贤说齐心

1. 民齐者强，民不齐者弱。

出自《荀子·议兵》。意思是：百姓齐心，国家就会强盛；百姓不齐心，国家就会衰弱。

2. 万人操弓，共射一招，招无不中。

出自《吕氏春秋·本生》。意思是：一万人拿着弓箭，共同射向一个目标，这个目标没有不被射中的。

3. 师克在和，不在众。

出自《左传·桓公十一年》。意思是：打胜仗的关键在于团结一致对抗敌人，而不在于人多。

4. 积力之所举，则无不胜也；众智之所为，则无不成也。

出自汉代淮南王刘安的《淮南子·主术训》。意思是：聚集众人的力量和智慧去做事，就没有不成功的。

5. 古之所谓“莫三人而迷”者，一人失之，二人得之，三人足以为众矣，故曰“莫三人而迷”。

出自《韩非子·内储说上》。意思是：古代所说的没有三个人合计就会迷惑，是说一个人意见错误，两个人意见正确，三个人足以形成正确的多数了，所以说没有三个人合计就会迷惑。

6. 能用众力，则无敌于天下矣；能用众智，则无畏于圣人矣。

出自晋代陈寿的《三国志·江表传》。意思是：能够使用众人之力，那么天底下就没有什么不可战胜的了；能够使用众人的智慧，那么即便是先贤也没有什么害怕的了。

7. 受有亿兆夷人，离心离德。予有乱臣十人，同心同德。

出自《尚书·泰誓中》。意思是：商纣有数量众多的平民百姓，但都不是一条心；我有拨乱的大臣十人，都为同一个目标而努力。

8. 人心齐，泰山移。

出自《增广贤文》，意思是：只要人们的心往一处，共同努力，就能发挥出移动高山的巨大力量，克服任何困难。

拓展阅读二　房谋杜断

文会图

“房谋杜断”说的是房玄龄、杜如晦两人齐心协力，共同谋划的故事。李世民还是秦王时，杜如晦和房玄龄就经常跟随李世民征伐，出谋划策，运筹帷幄。

后来，李世民继位后，房玄龄、杜如晦分别担任尚书左仆射、尚书右仆射。那时，唐朝开国未久，许多规章典法，都是他们两人商量制订的。甚至尚书省的制度架构，都是二人商量决定的。太宗每次与房玄龄议事，总是说：“一定要杜如晦决定。”等到杜如晦来了，最后还是采用房玄龄的计策，这都是因为房玄龄善于谋划，杜如晦善于决断的缘故。房、杜二人，就是这样一个善于出计谋，一个善于做决断，所以叫作“房谋杜断”。

第三节　人生感悟

读有所悟　同心同德，众志成城

听琴图

俗语有云：众人拾柴火焰高。合作不仅是一种积极向上的心态，更是一种处世的智慧。一个人即使才华横溢、能力出众，但如果不能较好地融入社会，与他人沟通、协作，就不会在成功的道路上走得很远。个人的力量毕竟是有限的，要想出色地完成某项任务，与他人通力合作才能达到事半功倍的效果。

虽然当今社会处处充满竞争，但这并不意味着，除自己以外其他的人只能是竞争对手，要知道学会合作才能实现共赢。与他人合作的前提和基础是双方有共同的目标和愿望，之后才是与志同道合之人共同努力，双方同心才能形成巨大的合力，再往同一个方向使劲，相比一个人而言，自然能较为轻松地完成任务。正所谓“众志成城”，大家齐心形成的力量，就像城墙一样坚不可摧。

知行合一　温故知新，学以致用

1. 温故知新

请熟读每课原文并记住下面名言。

① 二人同心，其利断金。同心之言，其臭如兰。

② 上下同欲者胜。

③ 天时不如地利，地利不如人和。

2. 见德思齐

① 写出你周围注重团结合作的同学及其具体事迹。

② 写出你知道的关于发扬团队精神的历史故事。

3. 学以致用

① 编写一句属于自己的关于团队合作的座右铭。

② 你认为如何才能更好地与人合作？

4. 与人为善

这一周你做了哪些有意义的事？请记录下来，让行善成为习惯。

第16课　家国情怀

第一节　诵读名篇

诵读篇一《少年中国说》

清末民初　梁启超

【导读】

本文节选自梁启超的《少年中国说》。作者极力赞颂中国少年的朝气蓬勃和勇于改革的精神，鼓励青年发愤图强，肩负起建设少年中国的历史重任，表达了作者希望祖国繁荣富强的强烈愿望。

作者认为封建专制制度和封建官吏已经腐朽，振兴中华的希望寄托在中国少年身上，坚信中国少年必有志士，能使国家富强。

全文紧扣主题，运用排比句式，层层递进，逐次阐发，既有气势又充满感情，语言半文半白，议论纵横，平易畅达。诵读时重在理解文意，从句子结构出发，找到排比句中的相同与不同，读好停连，读好一层比一层强的语势变化，做到连贯而有气势。

五四运动

【原文】（节选）

gù jīn rì zhī zé rèn bù zài tā rén ér quán zài
故①/今日之/责任，不在/他人，而/全在/
wǒ shào nián shào nián zhì zé guó zhì shào nián fù zé guó fù shào
我少年。少年智/则国智，少年富/则国富；少
nián qiáng zé guó qiáng shào nián dú lì zé guó dú lì shào nián zì yóu
年强/则国强，少年独立/则国独立；少年自由/
zé guó zì yóu shào nián jìn bù zé guó jìn bù shào nián shèng yú
则国自由；少年进步/则国进步；少年胜于
ōu zhōu zé guó shèng yú ōu zhōu shào nián xióng yú dì qiú zé guó
欧洲/则国胜于欧洲；少年雄于地球②/则国
xióng yú dì qiú
雄于地球。

hóng rì chū shēng qí dào dà guāng hé chū fú liú yī
红日/初升，其道/大光③。河出/伏流，一
xiè wāng yáng qián lóng téng yuān lín zhǎo fēi yáng rǔ hǔ
泻/汪洋④。潜龙/腾渊⑤，鳞爪/飞扬。乳虎/
xiào gǔ bǎi shòu zhèn huáng yīng sǔn shì yì fēng chén xī
啸谷，百兽/震惶⑥。鹰隼/试翼⑦，风尘/翕
zhāng qí huā chū tāi yù yù huáng huáng gān jiàng fā xíng
张⑧。奇花/初胎，矞矞/皇皇⑨。干将/发硎，
yǒu zuò qí máng tiān dài qí cāng dì lǚ qí huáng zòng yǒu
有作/其芒⑩。天戴/其苍，地履/其黄。纵有/
qiān gǔ héng yǒu bā huāng qián tú sì hǎi lái rì fāng cháng
千古，横有/八荒。前途/似海，来日/方长。
měi zāi wǒ shào nián zhōng guó yǔ tiān bù lǎo zhuàng zāi wǒ zhōng
美哉我/少年中国，与天/不老！壮哉我/中
guó shào nián yǔ guó wú jiāng
国少年，与国/无疆！

【注释】

① 故：所以。

② 雄于地球：称雄于世界。

③ 其道大光：语出《周易·益》：“自上下下，其道大光。”光，广大，发扬。

④ 一泻汪洋：汹涌奔泻，浩浩荡荡。

【译文】

所以说今天的责任，不在别人身上，全在我们少年身上。少年一代有智慧国家就有智慧，少年富足国家就富足，少年强大国家就强大，少年独立国家就独立，少年自由国家就自由，少年进步国家就进步，少年胜过欧洲，国家就胜过欧洲，少年称雄于

⑤ 腾渊：深渊中腾跃而起。

⑥ 震惶：害怕惊慌。

⑦ 试翼：振翅欲飞。

⑧ 翕张：高卷飞扬。

⑨ 矞矞皇皇：语出《太玄经·交》："物登明堂，矞矞皇皇。"一般用于书面古语，光明盛大的样子。

⑩ 干将发硎，有作其芒：宝剑刚磨出来，锋刃大放光芒。干将，原是铸剑师的名字，这里指宝剑。硎，磨刀石。

世界，国家就称雄于世界。

红日刚刚升起，道路充满霞光；黄河从地下冒出来，汹涌奔泻，浩浩荡荡；潜龙从深渊中腾跃而起，它的鳞爪舞动飞扬。小老虎在山谷吼叫，所有的野兽都害怕惊慌，雄鹰隼鸟振翅欲飞，风和尘土高卷飞扬；奇花刚开始孕起蓓蕾，灿烂明丽茂盛茁壮。干将剑新磨，闪射出光芒。头顶着苍天，脚踏着大地，从纵的时间看有悠久的历史，从横的空间看有辽阔的疆域。前途像海一般宽广，未来的日子无限远长。美丽啊我的少年中国，将与天地共存不老！雄壮啊我的中国少年，将与祖国万寿无疆！

【作者简介】

梁启超

梁启超（1873—1929），字卓如，一字任甫，号任公，又号饮冰室主人。中国近代思想家、政治家、教育家、史学家、文学家，戊戌变法（百日维新）领袖之一，近代文学革命运动的理论倡导者。

光绪二十一年（1895），日本逼迫清政府签订《马关条约》，群情激愤。梁启超与康有为一起，联合各省举人发动"公车上书"，拉开了维新运动的序幕。维新变法期间，他多次上书光绪皇帝，得到光绪的赞赏。

变法失败后，梁启超与康有为流亡日本，创办了《清议报》和《新民丛报》，继续推动君主立宪，并与孙中山等革命派进行激烈的论战。辛亥革命之后，梁启超进入袁世凯政府，为维护袁世凯统治而创建了进步党。但随着袁世凯称帝，梁启超开始了讨袁活动。1929年，梁启超在北京协和医院逝世，终年56岁。其著作合编为《饮冰室合集》。

诵读篇二 《沁园春[①]·长沙》

近现代 毛泽东

【导读】

万山红遍

这首词是近代诗人毛泽东所写的。这是一首故地重游的感怀之作，这首词写于1925年秋，首次正式发表在《诗刊》1957年1月号。全词刚健遒劲，情采飞扬，通过对长沙秋景的描绘，对往昔岁月的追忆，以及对国家前途命运的思虑，抒发以天下为己任的壮志豪情。

上阕重在描绘湘江寒秋图，表达了作者对祖国山河的热爱，反映其开阔的胸襟。立体的岳麓山，群峰耸立，层次分明，既是四周枫林如火的写照，又寄寓着词人火热的革命情怀。“万山红遍”既是词人“星火燎原”思想的形象化表现，又是对革命与祖国前途乐观的憧憬。“怅寥廓，问苍茫大地，谁主沉浮？”气壮山河的提问，道出雄心壮志，由写景转入抒怀，带出抒情乐章。

下阕侧重抒写昂扬意气和豪迈激情。“忆往昔峥嵘岁月稠”，一个“忆”字展示出作者学习生活与革命活动的峥嵘岁月，新颖、形象。“恰同学少年，风华正茂”，一个“恰”字，形象地概括了作者雄姿英发的战斗风貌和豪迈气概。“中流击水，浪遏飞舟”，则是一幅奋勇进击、劈波斩浪的宏伟画面。

诵读这首词，重点在于把握词作豪迈的情感基调，诵读时应声韵饱满、大气磅礴，体现出鲜明的节奏感和强烈的音乐感。全词景物形象生动，情感热烈奔放，注意揣摩语音语调的高低、停连、快慢、轻重，语调要富于变化，表达词中所蕴含的豪迈气概及开阔意境，深入领悟作者的豪迈情怀，使朗读具有感染力。

【原文】

dú lì hán qiū xiāng jiāng běi qù jú zi zhōu tóu kàn
独立/寒秋，湘江/北去，橘子洲/头。看/
wàn shān hóng biàn céng lín jìn rǎn màn jiāng bì tòu bǎi gě zhēng
万山红遍，层林/尽染；漫江/碧透，百舸/争
liú yīng jī cháng kōng yú xiáng qiǎn dǐ wàn lèi shuāng tiān jìng zì
流。鹰击/长空，鱼翔/浅底，万类霜天/竞/自
yóu chàng liáo kuò wèn cāng máng dà dì shuí zhǔ chén fú
由[2]。怅/寥廓[3]，问/苍茫大地，谁主/沉浮[4]？

xié lái bǎi lǚ céng yóu yì wǎng xī zhēng róng suì yuè
携来/百侣[5]/曾游，忆/往昔/峥嵘[6]岁月/
chóu qià tóng xué shào nián fēng huá zhèng mào shū shēng yì qì
稠。恰/同学少年，风华/正茂；书生/意气，
huī chì fāng qiú zhǐ diǎn jiāng shān jī yáng wén zì fèn tǔ
挥斥/方遒[7]。指点/江山，激扬/文字，粪土/
dāng nián wàn hù hóu céng jì fǒu dào zhōng liú jī shuǐ làng
当年/万户侯[8]。曾/记否，到/中流击水，浪
è fēi zhōu
遏/飞舟？

【注释】

① 沁园春：词牌名。

② 万类霜天竞自由：万物都在秋光中竞相自由地生活。

③ 怅寥廓：面对广阔的宇宙惆怅感慨。

④ 沉浮：比喻事物盛衰、消长，这里指兴衰。

⑤ 百侣：很多的伴侣。

⑥ 峥嵘：山势高峻，这里是不平凡，不寻常的意思。

⑦ 挥斥方遒：热情奔放，劲头正足。

⑧ 粪土当年万户侯：把当时的军阀官僚看得同粪土一样。

【译文】

深秋季节，我独自站立在橘子洲头，望着滔滔的湘水向北奔流。万千山峰全部变成了红色，层层树林好像染过颜色一样；江水清澈澄碧，一艘艘大船乘风破浪，争先恐后。鹰在广阔的天空里飞，鱼在清澈的江水里游，万物都在秋光中争着过自由自在的生活。面对广阔的宇宙惆怅感慨：这旷远苍茫大地的盛衰沉浮，由谁来主宰呢？

曾经我和我的同学，经常携手结伴来到这里漫游。在一起商讨国家大事，那无数不平凡的岁月至今还萦绕在心头。同学们正值青春年少，风华

正茂；大家踌躇满志，意气奔放，劲头正足。评论国家大事，写出这些激浊扬清的文章，把当时那些军阀官僚看得如同粪土。可曾还记得，那时的我们横渡大江，到江中间水深流急的地方游泳，那激起的浪花几乎挡住了疾驰而来的行船？

【作者简介】

毛泽东（1893—1976），字润之，湖南湘潭人。他是伟大的马克思主义者，伟大的无产阶级革命家、战略家、理论家，中国共产党、中国人民解放军和中华人民共和国的伟大领袖，马克思主义中国化的伟大开拓者，近代以来中国伟大的爱国者和民族英雄，中国共产党第一代中央领导集体的核心，领导中国人民彻底改变自己命运和国家面貌的一代伟人。

毛泽东是独领风骚的诗词巨匠。他的诗词想象丰富、气势磅礴、寓意深刻、意境高远，充满了革命的现实主义和浪漫主义精神，是中国革命和建设艰辛历程的艺术再现。在艺术表达上，借鉴传统文化中自强不息、行健有为的思想情感，抒情言志，驰骋想象，是诗歌民族传统在新的历史条件下，伟大实践基础上的飞跃和升华。在语言的熔铸和运用上，他的诗词运用比喻、象征手法，用典而不为典所用，遵循格律而不受其束缚，创造独特意境。毛泽东诗词乃中国诗林中矗立的参天大树，在世界绽放光芒。

诵读篇三 《我骄傲，我是中国人》

当代　王怀让

【导读】

这首诗是一篇歌颂伟大中华民族，极具爱国热情的抒情诗，是当代诗人王怀让的代表作之一。

诗人热情歌颂了中华民族优秀的传统文化和改革开放取得的伟大成就，诗歌选取众多意象，高度概括了中国悠久的历史、古国文明和现代文化的发展，抒发了强烈的爱国精神和民族自豪感。

诗人从祖国地大物博、历史文化与伟大成就多方面弘扬中华民族精神，营造一种根植于深厚的生活沃土又遨游于广阔理想天空的现代诗风。黑头发、黑眼睛、黄皮肤是炎黄子孙的本色，字里行间洋溢着浓浓的民族情、中国魂，赞美中国人的勤劳、勇敢和智慧。

朗读诗歌时，要深刻理解诗歌内涵，把握感情基调，领悟诗情，适当停顿、重音，把握节奏，注意控制情绪，用激昂、热情的语调读出自豪感和豪迈气势。

【原文】

zài wú shù lán sè de yǎn jīng hé hè sè de yǎn jīng zhī zhōng
在无数蓝色的眼睛/和褐色的眼睛之中，
wǒ yǒu zhe yī shuāng bǎo shí bān de hēi sè yǎn jīng
我有着/一双宝石般的/黑色眼睛，
wǒ jiāo ào wǒ shì zhōng guó rén
我骄傲，我是/中国人！
zài wú shù bái sè de pí fū hé hēi sè de pí fū zhī zhōng
在无数白色的皮肤/和黑色的皮肤之中，
wǒ yǒu zhe dàdì bān huáng sè de pí fū
我有着/大地般/黄色的皮肤，
wǒ jiāo ào wǒ shì zhōng guó rén
我骄傲，我是/中国人！
wǒ shì zhōng guó rén
我是中国人——
huáng tǔ gāo yuán shì wǒ tǐng qǐ de xiōng pú
黄土高原/是我挺起的/胸脯，
huáng hé liú shuǐ shì wǒ fèi téng de xuè yè
黄河流水/是我沸腾的/血液，
chángchéng shì wǒ yáng qǐ de shǒu bì
长城/是我扬起的/手臂，
tài shān shì wǒ zhàn lì de jiǎo gēn
泰山/是我站立的/脚跟。
wǒ jiāo ào wǒ shì zhōng guó rén
我骄傲，我是/中国人！
wǒ shì zhōng guó rén
我是中国人——

wǒ de zǔ xiān zuì zǎo zǒu chū sēn lín
我的祖先/最早/走出森林，

wǒ de zǔ xiān zuì zǎo kāi shǐ gēng yún
我的祖先/最早/开始耕耘。

wǒ shì zhǐ nán zhēn yìn shuā shù de hòu yì
我/是指南针、印刷术的/后裔，

wǒ shì yuán zhōu lǜ dì dòng yí de zǐ sūn
我/是圆周率、地动仪的/子孙。

zài wǒ de mín zú zhōng
在我的/民族中，

bù guāng yǒu shǐ cè shàng wàn gǔ bù xiǔ de
不光/有史册上/万古不朽的

kǒng fū zǐ sī mǎ qiān lǐ zì chéng sūn zhōng shān
孔夫子、司马迁、李自成、孙中山，

hái yǒu nà wén xué shǐ shàng wàn gǔ bù xiǔ de
还有/那文学史上/万古不朽的

huā mù lán lín dài yù sūn wù kōng lǔ zhì shēn
花木兰、林黛玉、孙悟空、鲁智深。

wǒ jiāo ào wǒ shì zhōng guó rén
我骄傲，我是/中国人！

wǒ shì zhōng guó rén
我是中国人——

zài wǒ de guó tǔ shàng
在我的国土上，

bù guāng yǒu léi diàn hōng jī bù dǎo de cháng bái xuě shān huáng shān
不光有/雷电轰击不倒的/长白雪山、黄山

jìng sōng
劲松，

hái yǒu nà fēng yǔ bù miè de jǐng gāng chuán tǒng yán ān jīng shén
还有那/风雨不灭的/井冈传统、延安精神！

wǒ shì zhōng guó rén
我是中国人——

wǒ nà huáng hé yī yàng cū guǎng de shēng yīn
我那黄河一样粗犷的/声音，

bù guāng xiǎng zài lián hé guó de dà shà lǐ
不光/响在/联合国的/大厦里，

dà shēng fā biǎo zhe zhōng guó de yì lùn
大声发表着/中国的议论，

yě xiǎng zài ào lín pǐ kè de sài chǎng shàng
也响在/奥林匹克的/赛场 上，

dà shēng gāo hǎn zhe zhōng guó dé fēn
大声/高喊着/“中国/得分”！

dāng zhǎng shēng　bǎ wǔ xīng hóng qí　sòng shàng lán tiān
当掌声/把五星红旗/送上蓝天，

wǒ jiāo ào　wǒ shì zhōng guó rén
我骄傲，我是中国人！

wǒ shì zhōng guó rén
我是中国人——

wǒ nà cháng chéng yī yàng　jù dà de shǒu bì
我那长城一样/巨大的手臂，

bù guāng bǎ cǎi yóu zuàn gǎn　zuàn jìn wài guó rén
不光把采油钻杆/钻进外国人

yù yán dǎ bù chū shí yóu de dì xīn
预言打不出石油的地心；

yě bǎ tōng xìn wèi xīng　sòng shàng zǔ xiān men
也把通信卫星/送上祖先们

mèng lǐ yě méi yǒu dào guò de　bái yún
梦里也没有到过的/白云，

dāng wǔ dà zhōu　qīng tīng dōng fāng de shēng yīn de shí hou
当五大洲/倾听东方的声音的时候，

wǒ jiāo ào　wǒ shì zhōng guó rén
我骄傲，我是中国人！

wǒ shì zhōng guó rén
我是中国人——

wǒ　shì mò gāo kū bì huà de　chuán rén
我/是莫高窟壁画的/传人，

ràng nà　piān piān yù fēi de bì huà　yǔ wǒ men tóng wǎng
让那/翩翩欲飞的壁画/与我们同往。

wǒ　jiù shì fēi tiān
我/就是飞天①，

fēi tiān　jiù shì wǒ
飞天/就是我。

wǒ jiāo ào　wǒ shì　zhōng　guó　rén
我骄傲，我是/中/国/人！

【注释】

① 飞天：佛教壁画或石刻中在空中飞舞的神。

【作者简介】

王怀让（1942—2009），河南济源人，毕业于河南大学中文系，曾任《河南日报》编委委员、文艺处处长，高级编辑。当代诗人，中国作协会员、中国剧协会员，享受国务院特殊津贴。

王怀让

王怀让的诗歌具有很强烈的史诗意识和民族性，讴歌时代、祖国和人民。在创作手法上，王怀让的诗歌将浪漫主义与现实主义相结合，诗歌体式主要是放歌、欢歌、颂歌，抒情方式以赋的手法直抒胸臆，排比铺陈，充满激情，感情饱满，境界阔达，显示出深邃宏阔的中国气派。

诵读篇四 《祖国啊，我亲爱的祖国》

当代　舒婷

【导读】

这首诗是当代诗人舒婷于1979年创作的一首抒情诗，是诗人的代表作之一。爱国是诗的主题，祖国饱经沧桑的过去与绯红黎明的希望交织在诗人心中，表达出诗人对祖国的深情，具有鲜明的时代特征与个性特色。

全诗立意新颖，感情真挚，在意象的创造与运用上，独辟蹊径。“我是贫困，我是悲哀。我是你祖祖辈辈痛苦的希望啊，是‘飞天’袖间千百年来未落到地面的花朵”，回忆祖国曾经的贫穷与落后，表达出拳拳赤子深情；在痛苦之后，又表达出希望的欢愉，“我是你簇新的理想”，“是绯红的黎明正在喷薄”。为实现这美好的愿望，诗人又表达一种献身精神，“那就从我的血肉之躯上去取得你的富饶、你的荣光，你的自由”，抒发了对祖国的无比热爱之情。

诗句长短错落，富有节奏变化的韵律美，构成诗的特色之一，运用象征和比喻，既质朴又充满感情，每一个词都与描绘的景物紧密契合，表现出诗人独特的视角，将民族语言与人民生活的精神实质巧妙融合。

在诵读时，应饱含中华民族的自豪感，坚定把祖国建设得更加美好的信念和决心。

【原文】

wǒ shì nǐ hé biān shàng pò jiù de lǎo shuǐ chē
我是你河边上/破旧的/老水车，
shù bǎi nián lái fǎng zhe pí bèi de gē
数百年来/纺着/疲惫的歌；
wǒ shì nǐ é shàng xūn hēi de kuàng dēng
我是你额上/熏黑的矿灯，
zhào nǐ zài lì shǐ de suì dòng lǐ wō xíng mō suǒ
照你在/历史的隧洞①里/蜗行②摸索；
wǒ shì gān biě de dào suì shì shī xiū de lù jī
我是/干瘪的稻穗；是失修的路基；
shì yū tān shàng de bó chuán
是淤滩③上的驳船④
bǎ qiàn shéng shēn shēn
把纤绳/深深
lēi jìn nǐ de jiān bó
勒进/你的肩膊；
zǔ guó a
——祖国啊！

wǒ shì pín kùn
我是贫困，
wǒ shì bēi āi
我是悲哀。
wǒ shì nǐ zǔ zǔ bèi bèi
我是你祖祖辈辈
tòng kǔ de xī wàng a
痛苦的希望啊，
shì fēi tiān xiù jiān
是“飞天”袖间
qiān bǎi nián lái wèi luò zài dì miàn de huā duǒ
千百年来/未落在地面的/花朵；
zǔ guó a
——祖国啊！

wǒ shì nǐ cù xīn de lǐ xiǎng
我是你/簇新⑤的理想，
gāng cóng shén huà de zhū wǎng lǐ zhèng tuō
刚从/神话的蛛网里/挣脱；
wǒ shì nǐ xuě bèi xià gǔ lián de pēi yá
我是你/雪被下古莲的胚芽；

wǒ shì nǐ guà zhe yǎn lèi de xiào wō
我是你/挂着眼泪的笑涡；

wǒ shì xīn shuā chū de xuě bái de qǐ pǎo xiàn
我是新刷出的/雪白的/起跑线；

shì fēi hóng de lí míng
是绯红的黎明/

zhèng zài pēn bó
正在/喷薄；

zǔ guó a
——祖国啊！

wǒ shì nǐ de shí yì fēn zhī yī
我是你的十亿分之一，

shì nǐ jiǔ bǎi liù shí wàn píng fāng de zǒng hé
是你九百六十万平方的/总和；

nǐ yǐ shāng hén lěi lěi de rǔ fáng
你以伤痕累累的乳房

wèi yǎng le
喂养了

mí wǎng de wǒ shēn sī de wǒ fèi téng de wǒ
迷惘的我、深思的我、沸腾的我；

nà jiù cóng wǒ de xuè ròu zhī qū shàng
那就从我的血肉之躯上

qù qǔ dé
去取得

nǐ de fù ráo nǐ de róng guāng nǐ de zì yóu
你的富饶、你的荣光、你的自由；

zǔ guó a
——祖国啊，

wǒ qīn ài de zǔ guó
我亲爱的/祖国！

【注释】

① 隧洞：隧道。

② 蜗行：像蜗牛那样慢行，比喻行动迟缓。

③ 淤滩：淤泥形成的滩地。

④ 驳船：没有动力装置、由拖轮带动的船。

⑤ 簇新：极新，全新。

【作者简介】

舒婷（1952— ），生于福建龙海市石码镇，祖籍福建泉州，原名龚佩瑜，后改名龚舒婷，中国当代女诗人、作家，朦胧诗派的代表人物之一。

1979年4月，其诗歌《致橡树》在《诗刊》第4期上发表；同年6月，在《诗刊》第7期上发表诗歌《祖国啊，我亲爱的祖国》与《这也是一切》。

舒婷的诗，充满浪漫主义和理想色彩，对祖国、对人生、对爱情、对土地的爱，既温馨平和又充满着激情。她擅长运用比喻、象征、联想等艺术手法表达内心感受，在朦胧的氛围中流露出理性的思考。

舒婷

第二节　拓展阅读

拓展阅读一　先贤说家国

1. 长太息以掩涕兮，哀民生之多艰。

出自屈原的《离骚》。意思是：长声叹息而泪流满面，为老百姓多灾多难而哀伤。

2. 捐躯赴国难，视死忽如归。

出自曹植的《白马篇》。意思是：为国家危难奋勇献身，把死亡看得像回家一样平常。

3. 安得广厦千万间，大庇天下寒士俱欢颜，风雨不动安如山。

出自杜甫的《茅屋为秋风所破歌》。意思是：怎能得到千万间宽敞的大屋，为天下的寒士们遮风挡雨，让他们喜笑颜开，房屋遇到风雨也不为所动，安稳如山。

4. 但使龙城飞将在，不教胡马度阴山。

出自王昌龄的《出塞二首（其一)》。意思是：倘若龙城的飞将军李广和大将军卫青如今还在，一定不会让敌人的铁蹄踏过阴山。

5. 先天下之忧而忧，后天下之乐而乐。

出自范仲淹的《岳阳楼记》。意思是：在世人忧愁之前就忧愁，在世人高兴之后才高兴。

6. 位卑未敢忘忧国，事定犹须待阖棺。

出自陆游的《病起书怀》。意思是：职位低微却未敢忘记忧虑国事，即使事情已经商定，也要等到有了结果才能完全下结论。

7. 人生自古谁无死，留取丹心照汗青。

出自文天祥的《过零丁洋》。意思是：自古以来，人终不免一死，倘若能为国尽忠，死后仍可光照千秋，青史留名。

8. 苟利国家生死以，岂因祸福避趋之。

出自林则徐的《赴戍登程口占示家人》。意思是：如果对国家有利，我将不顾生死，不会因为有祸就躲避、有福就上前迎受。

9. 我自横刀向天笑，去留肝胆两昆仑。

出自谭嗣同的《狱中题壁》。意思是：我横刀而出，仰天大笑，因为去者和留者肝胆相照、光明磊落，有如昆仑山一样的雄伟气魄。

10. 寄意寒星荃不察，我以我血荐轩辕。

出自鲁迅的《自题小像》。意思是：这份情感寄托给天上的星星却没有人明了，我誓将我的一腔热血报效我的祖国。

拓展阅读二　詹天佑为国尽忠

詹天佑

詹天佑，广东南海县（今广东广州）人，1861年出生在一个普通茶商家庭。1872年，年仅十一岁的詹天佑到香港报考清政府筹办的“幼童出洋预习班”，从此，他辞别父母，怀着学习西方“技艺”的理想，前往美国就读。

在美国，出洋预习班的同学们，目睹北美西欧科学技术的巨大成就，对机器、火车、轮船及电讯制造业的迅速发展赞叹不已。有的同学由此对中国的前途产生悲观情绪，詹天佑却怀着坚定的信念说：“今后，中国也要有火车、轮船。”他怀着为祖国富强而发奋学习的信念，刻苦努力，以突出成绩在毕业考试中名列第一。

回国后，詹天佑满腔热忱地准备把所学本领贡献给祖国的铁路事业。1905年，清政府决定修建我国第一条铁路——京张铁路（北京至张家口）。詹天佑毫不犹豫地接下了这个艰巨的任务，全权负责京张铁路的修筑。消息传来，一些帝国主义分子挖苦说：“中国人想不靠外国人，自己修铁路，就算不是梦想，也得至少五十年。”他们甚至攻击詹天佑担任总办兼总工程师是“狂妄自大”“不自量力”。詹天佑顶着压力，坚持不任用一个外国工程师，并表示：“中国人要用自己的工程师和自己的钱来建筑铁路。”

詹天佑对全线工程曾提出“花钱少，质量好，完工快”三项要求。京张铁路经过工人们的奋斗，终于在1909年9月全线通车。原计划六年完成，结果只用了四年就提前完工，工程费用只及外国人估价的五分之一。一些欧美工程师乘车参观后纷纷赞誉詹天佑了不起。但詹天佑却谦虚地说：“这是京张铁路一万多员工的力量，不是我个人的功劳，光荣是应该属于大家的。”

詹天佑从事铁路事业三十多年，几乎和当时我国的每一条铁路都有不同程度的关系。周恩来曾高度评价詹天佑的功绩，说他是“中国人的光荣”。

第三节　人生感悟

读有所悟　以时代精神涵养家国情怀

家国情怀是对自己国家和人民所表现出来的深情大爱，是对国家富强、人民幸福所展现出来的理想追求，也是对国家高度认同感、归属感、责任感和使命感的体现。家国情怀是现代公民应具备的基本素质。

炎黄子孙自古就有家国情怀，代代相传，并不断赋予其新的历史内涵。职校学子更应该成为具有家国情怀的典范，肩负起时代和国家赋予我们的责任，立足本职，开拓进取，成为实现中华民族伟大复兴的主力军，以浓郁的家国情怀回报养育我们的这方神奇富饶的土地，身体力行，开拓创新，实现伟大的中国梦。

知行合一　温故知新，学以致用

1. 温故知新

请熟读每课原文并记住下面名言。

① 少年强则国强。

② 鹰击长空，鱼翔浅底，万类霜天竞自由。

③ 长城是我扬起的手臂，泰山是我站立的脚跟。

④ 我是你河边上破旧的老水车，数百年来纺着疲惫的歌。

2. 见德思齐

① 写出你最敬佩的民族英雄的名字。

② 写出你最喜欢的反映家国情怀的诗句。

3. 学以致用

① 你的家风是什么？请写下来。

② 学校都开展了哪些活动来培养学生的家国情怀？

4. 与人为善

这一周你做了哪些有意义的事？请记录下来，让行善成为习惯。

附录

诵读指导

第一节　诵读的基础知识

一、什么是诵读？

诵读是在理解文辞大意的基础上出声地，有节奏、有腔调地朗诵诗文，是对诗文内容自我感受、自我体验的一种读书方法，是一种寓情于声、以声传情的表达方式。

古人的诵读，简而言之，就是用抑扬顿挫的声调，有节奏地读古诗文。古代的诵读主要是在私塾里进行，老师把对诗文的理解灌注在诵读之中，让学生在集体或个人的大声诵读之中领悟先哲之教诲。需要注意的是，古代的诵读可以不用规范的标准音，在语音、语调上有一定的随意性。我们现在的诵读是指用普通话朗读或朗诵，针对中华经典而言，则是在保证字音准确无误的情况下，读出正确的节奏和韵味，读出应有的语气和情感基调。

二、诵读的好处

经典诗文作为中华优秀传统文化的重要组成部分，为何要以诵读的方式来学习？对于我们职业院校的学生而言，诵读又有哪些好处呢？

1. 能提升你的个人气质和品位

“腹有诗书气自华”，一个人的气质里藏着他读过的书。伴随着中华优秀经典的学习与熏陶，一个人的思想情操、审美情趣、人文情怀就会在潜移默化中得到涵养，气质也自然能得到切实的提升；一个人的心灵得到浸润和滋养后，就会渐渐远离粗俗、粗鲁、粗野，向美好、高尚的人格靠拢。

2. 能让你的技能学习变得轻松

经常进行诵读经典的训练，会使你逐渐养成精神集中专一、摒除头脑杂念、内心宁静安详的良好读书习惯，从而使你的学习效率和质量明显提高。“心灵手巧”是诵读经典的另一种效益，因为大声诵典，可以使你的头脑里和躯体内的气血很好地畅通，健脑效果明显，大脑支配手指的能力得到强化，从而在才艺、技艺等能力的学习上事半功倍，专注力的提高，更有助于激发你的灵感和创造力。

3. 能让你懂得为人处世的道理

相对而言，诵读是较为简单的学习方式，这种以声音诠释诗文的形式，更能让人直接感悟到经典的魅力。中国古典诗词研究专家叶嘉莹先生曾说过：“我以为吟诵之目的不是为了吟给别人听的，而是为了使自己的心灵与作品中诗人的心灵能借着吟诵的声音达到一种更为深微密切的交流和感应。”经典诗文中蕴含着许多人生哲理，通过诵读可以将圣贤智慧更加牢固地植根于脑海，待逐步理解这些经典之后，就可利用先贤圣哲的思想观点和为人处世的大道至理，去指导自己如何做人做事。

4. 能提升你的职业素养

职业教育培养的是高素质的劳动者，我们职业院校的学生即将步入社会，职场是我们实现价值最主要的途径。要想在职场上取得成就，不仅需要过硬的技术和技能，还要有良好的职业素养。中华优秀传统文化是智慧之源，一朝掬饮，受用终生。通过诵读，你在感悟先贤的境界与情怀的同时，潜移默化中又可获得工作智慧，使自己的职业素养得到提升，从而在未来的职场中更好地开展工作，绽放光彩。

三、怎样诵读经典诗文？

诵读诗文的好处显而易见，那么如何才能做到正确的诵读呢？诵读能力的训练与提高，是一个循序渐进的过程，应当由易到难，由浅入深，不可急于求成。忽视基本功的训练，幻想一步到位，是办不到的。下面我们来从诵读的基本功开始学习。

1. 气息

气息是声音的动力来源，充足、稳定的气息是发音的基础。讲话时的正确呼吸方法，应当采用胸腹式联合呼吸法（也称丹田呼吸法），即运用小腹收缩，靠丹田的力量控制呼吸。

练习呼吸的方法有很多，主要有以下几种。

（1）闻花香：仿佛面前有一盆香花，深深地吸进其香气，控制一会儿后缓缓吐出。

（2）吹蜡烛：模拟吹灭生日蜡烛，深吸一口气后均匀缓慢地吹，尽可能时间长一点，25秒～30秒为合格。

（3）咬住牙，深吸一口气后，从牙缝中发出“咝——”声，力求平稳、均匀、持久。

（4）数数：从一数到十，往复循环，一口气能数多少遍就数多少遍，要数得清晰响亮。

2. 共鸣

诵读时的共鸣主要包括口腔共鸣、鼻腔共鸣、胸腔共鸣。要想使说话的声音好听和持久，就要正确地运用共鸣器。而运用共鸣器的关键在于处理好“畅”与“阻”的对立和统一关系。所谓“畅”，就是整个发音的声道必须畅通无阻，胸部舒展自如，喉部放松滑润，脊背自然伸直，以便声音不憋不挤，声柱流畅地奔涌出来。所谓“阻”，并不是简单地把声音阻挡住，而是不让声音直截了当地通过声道奔涌出来，让它通过共鸣器加工、锤炼，变得洪亮、圆润、雄浑、优美动听。

要处理好“畅”与“阻”的关系，必须进行共鸣训练。以下介绍几种简单易行的共鸣训练方法。

（1）放松喉头，用“哼哼”音唱歌。

（2）学鸭叫声。挺软腭，口腔张开成一圆筒，边发“gaga”音，边仔细体会，共鸣运用得好的“gaga”音好听，共鸣运用得不好的“gaga”音枯燥、刺耳。

（3）学牛叫声。类似打电话的“嗯”（什么？）和“嗯”（明白了）。

（4）牙关大开合，同时发出“啊”音。

（5）模拟汽笛长鸣声（di）。既可平行发音，也可由大到小或由小到大地变化发音。

（6）做扩胸运动，同时尽量发出高亢或尽量低沉的声音 。

（7）“气泡音”练习。闭嘴，用轻匀的气流冲击声带，使之发出细小的抖动声。

（8）音阶层练习。选一句话，在本人音域范围内，先用低调说，一级一级地升高，然后又一级一级地下降，再一句高一句低，高低交替，一句话由高到低，再由低到高。

3. 吐字

吐字清晰，是朗诵的起码要求之一。吐字要清晰，最基本的要求在于读准汉字音节（一个汉字就是一个音节）的组成部分——声母、韵母、声调。辅音声母有21个，练习要严格掌握发音部位和发音方法，发音要有力。韵母有39个，练习时要控制好口腔的开合、唇形的平展圆敛及舌头的升降伸缩。此外，声调练习也很重要。汉语中不少字或词的声母、韵母完全相同，只是因为声调不同，意义就不一样。另外，有些方言与普通话在一些字的发音上的区别也仅在于声调不同。练习声调应先从读准单个字的声调开始，然后再练习语句中的每个字的声调。

学生平时在练习吐字时，可以学习标准普通话的吐字，比如可以通过收听收看正规新闻栏目，认真学习、仔细琢磨其吐字方式。同时，还可以在模仿、对比中加以训练。

第二节 诵读的基本技巧

一、情感调动

中华经典诗文往往讲究押韵、言简意赅、层次性强，这就需要学生在诵读之前调动自己的情绪，营造更为饱满、热情的表达心态，同时还要根据作品的具体内容，正确把握其情感基调。

就本书而言，在每篇经典诗文的原文之前，都设置了一个导读的环节。学生在诵读原文之前，可以先借助导读中的内容来了解作品的时代背景、主旨大意和作者的写作心境。根据作品透露的行文风格和情感基调，调动自己对应的情绪。

下面以诸葛亮的《诫子书》为例加以说明。

夫君子之行，静以修身，俭以养德。非淡泊无以明志，非宁静无以致远。夫学须静也，才须学也，非学无以广才，非志无以成学。淫慢则不能励精，险躁则不能治性。年与时驰，意与日去，遂成枯落，多不接世，悲守穷庐，将复何及！

《诫子书》一文以短小的篇幅写出了一位父亲对儿子的谆谆教诲。这篇文章写于蜀汉建兴十二年（234），诸葛亮也于此年病逝。当时诸葛亮可谓处境艰难，自先主刘备去世之后，诸葛亮面临激烈的政治斗争，对魏国的征讨也久攻不下，多名大将折损，陷入进退维谷的境地，这些造成了诸葛亮的苦闷悲痛，加上积劳成疾，诸葛亮知道自己将不久于人世。而诸葛亮平时为了国家大事日夜操劳，对儿子的教育难以做到事事都亲力亲为，因而写下了这篇《诫子书》。这篇家训是诸葛亮对自己一生经历的总结，更是对儿子的勉励。在诵读之前，要把握好其语重心长、情真意切的情感基调和强烈而又委婉的语气。

二、语言表达

1. 停连

停连指的是诵读语流中声音的中断和延续。声音中断处是停顿，声音延续处是连接。在诵读过程中，我们不可能一字一停，也不可能字字相连，必须根据作品的内容适时停顿和连接。诵读时的停顿主要包括生理停顿、语法停顿、逻辑停顿、感情停顿。根据诵读需要，有标点符号而声音不停顿之处叫作连接。

- **停顿**

（1）生理停顿

生理停顿是诵读者根据换气的生理需要，在不对语义完整性造成影响的地方做短暂的停顿。有些没有标点符号的长句，无法一口气读完，必须根据换气需要进行停顿。需要注意的是，生理停顿不能随心所欲，要恰当适宜，停顿之处不能使作品产生歧义。

比如纪昀的《阅微草堂笔记》中有如下一句：

> 天下未有/心不在是事/而是事能诣极者，亦未有/心心在是事/而是事不诣极者。

一般来说，古文大多言简意赅，用字精练。这句古文相对而言稍长一些，学生在诵读时可以根据气息需要，在不影响语义完整的地方做适当的停顿。

（2）语法停顿

语法停顿是根据句子的语法关系和结构而作的停顿。这种停顿主要产生在句子的各项成分之间和标点符号之间。句子的各项成分之间主要指主语和谓语之间，动词和宾语之间，动词和补语之间，修饰语和被修饰语之间。标点符号之间的停顿规律是：句号、问号、感叹号、省略号后的停顿略长于分号、破折号、连接号；分号、破折号、连接号后的停顿略长于逗号、冒号；而逗号、冒号后的停顿又略长于顿号。

① 主语和谓语之间的停顿

下面以孟子《生于忧患，死于安乐》中的一句为例加以说明。

> 舜/发于/畎亩之中，傅说/举于/版筑之间，胶鬲/举于/鱼盐之中，管夷吾/举于/士，孙叔敖/举于/海，百里奚/举于/市。

舜、傅说、胶鬲、管夷吾、孙叔敖、百里奚都是人名，是所在单句的主语；“发”“举”都是动词，在句中作谓语，且是被动语态，翻译为被任用、被举用。在这个长句中，主语和谓语之间需要做适当的停顿。

② 动词和宾语之间的停顿

下面以《大学》的开篇一句为例加以说明。

> 大学之道，在/明/明德，在/亲民，在/止于至善。

第一个“明”是动词，且为使动用法，翻译为使彰明。第二个“明”是形容词，和后面的“德”构成名词词组，翻译为崇高显明的品德。“明德”是动词“明”的宾语，动宾之间可作适当的停顿。

③ 动词和补语之间的停顿

下面以李文炤《勤训》里的一句为例加以说明。

徒然食息于/天地之间，是一蠹（dù）耳。

“天地之间”补充说明“徒然食息”这一动作发生的地点，这种情况下，动词和其补语之间的“于”可省略也可不省，“于”作为引出补语的成分，可以翻译为“在”。动词和其补语之间可作适当的停顿。

④ 修饰语和被修饰语之间的停顿

下面以《增广贤文》中的一句为例加以说明。

羊知跪乳/之恩，鸦有反哺/之义。

“跪乳”和“反哺”是修饰语，分别用来修饰“恩”和“义”，分别可翻译为跪下来接受母乳的感恩举动，喂食母鸦的情义之举。修饰语和被修饰语之间可作短暂停歇。

（3）逻辑停顿

逻辑停顿又叫强调停顿，是为了准确地表达语意，根据其内在的逻辑关系而作的停顿。逻辑停顿不像语法停顿那样有明显的依据，其停顿时间和位置相对灵活，但必须根据表达的内容和具体语境来决定是否停顿。

下面以《道德经》中的一句为例加以说明。

水善利万物/而不争，处众人之所恶，故/几于道。

在“而”的前面作停顿是因为其前后形成转折关系，在“故”的后面作停顿是因为其前后形成因果关系。

（4）感情停顿

感情停顿是根据作品透露的感情需要而作的停顿。其特点是声断而情不断，感情始终是连贯的。

下面以晋代葛洪《勤求》中的一句为例加以说明。

明师之恩，诚为/过于天地，重于父母多矣。

在“诚为”的前面作适当停顿，可以准确突出对开明之老师于“我”的厚重恩情。

• **连接**

根据诵读需要，有标点符号而声音不停顿之处叫作连接。连接是声音的延续，古文句读的划分往往是在语意或语气需要停顿之处，因而古文中的连接并不多见。

2. 轻重

轻重是诵读时声音的轻读和重读。重音是诵读时为了语言表达的需要，用增加声音强度的方式来突出强调的音。重音主要包括语法重音、逻辑重音、感情重音。轻音是相对重音而言的，是指声音上的一种弱化，并不是语气上的轻飘、虚浮。

• **重音**

（1）语法重音

语法重音是指由语法结构决定的重音，通常有主语重音、谓语重音、修饰语重音、代词重音、数量重音等，表示语句关系如并列、对比、转折的词也在此列。

① 主语重音

以曹操《龟虽寿》中的一句为例加以说明。

老骥伏枥，志在千里；烈士暮年，壮心不已。

“老骥”（上了年纪的千里马）和“烈士”（有雄心壮志的人）分别是所在句子的主语，在这里应该加重读音，以示强调。

② 谓语重音

以荀子《劝学》中的一句为例加以说明。

故木受绳则直，金就砺则利。

“受绳”（经过墨线比量）和“就砺”（在磨刀石上磨过）分别是木材和金属制的刀剑的谓语，根据文意，这里强调的是变得笔直和锋利的途径，故而谓语部分要重读。

③ 修饰语重音

以清代彭端淑《为学》中的一句为例加以说明。

不自限其昏与庸，而力学不倦者，自力者也。

“力学不倦”（努力学习的）和“自力”（靠自己力量的）都是“者”的修饰语，在《为学》一文中，强调的是努力去做，此句中的修饰语正好体现了主题，故而要重读。

④ 代词重音

以唐代颜真卿《劝学》中的一句为例加以说明。

黑发不知勤学早，白首方悔读书迟。

“黑发”和“白首”在这里分别代指年轻时期和老年时期，前后呼应，互相映衬，该诗的主旨是劝勉及时努力学习，这两个特定代词体现了及时，故而加以重读。

⑤ 数量重音

下面以《礼记·中庸》中的一句为例加以说明。

人一能之，己百之。人十能之，己千之。

“百”和“千”分别是针对“一”和“十”而言的，这里是为了突出不管付出多少努力，都要达到既定的目标。“百”和“千”是用来形容努力程度的，因此要重读。

（2）逻辑重音

逻辑重音是指根据文章内容或语言环境而加以重读的音，也叫强调重音。它不受语法制约，在句子中的位置不固定。

下面以朱熹《训学斋规》中的一句为例加以说明。

读书有三到：谓心到，眼到，口到。

“心到”“眼到”和“口到”是朱熹总结出的读书之法，这里是“三到”的具体所指，因此要重读。

（3）感情重音

感情重音是指由于情感特别浓烈而形成的重音，大多出现在内心节奏强烈、情绪激动之处。

下面以《孟子》中的一句为例加以说明。

故天将降大任于是人也，必先苦其心志，劳其筋骨，饿其体肤，空乏其身，行拂乱其所为，所以动心忍性，曾益其所不能。

这一句是文章的结论句，为了突出气势和出于情感表达的需要，加点的部分都应该重读。

（4）重音长读

重音长读通常用来表达深沉而又婉转的感情，下面以《诗经·小雅·蓼莪》中的一句为例加以说明。

哀——哀——父母，生我劬（qú）劳。（破折号表示拖长音节）

这里的“哀哀”一词，透露出了父母养育我们之辛劳，延长音节能突出作者的感恩之情。

- 轻音

（1）轻音轻读

以《道德经》中的一句为例加以说明。

水善利万物而不争。

“不争”在这里体现的是水泽被万物而不争名利，乐善好施而不图回报，轻读能较好地体现水的不争。

（2）轻音长读

以杜甫《蜀相》中的一句为例加以说明。

丞相祠堂何处寻，锦官城外柏森——森——。（破折号表示拖长音节）

“森森”是用来形容柏树之茂密，渲染了一种安谧、肃穆的气氛，长读的方式正好体现了这一点。

3. 语速

语速是指诵读语流的速度，主要有快速、中速、慢速三种情形。

（1）快速

快速一般用于充满急剧变化的叙事场景，或者表现紧张、激动、惊恐、愤怒、兴奋、欢快的心情等。

下面以《孟子》中的一句为例加以说明。

城非不高也，池非不深也，兵革非不坚利也，米粟非不多也，委而去之，是地利不如人和也。

这句话先列举了各种地形上的优势之处，这些地形上的优势条件以较快的语速读出，可以表现孟子议论文的雄健气势。

（2）中速

中速一般用于平常的叙事、说明等，情节、感情起伏不大。

下面以清代石成金《传家宝》中的一句为例加以说明。

> 艺业者，当居肆成工，务以技能取利，勿生邪念旷闲。

此句属于平常的议论、说明，以中速诵读即可。

（3）慢速

慢速一般用于庄重肃穆的场景，或者表现沉重、伤感的心情等。

下面以曾国藩《曾文正公全集·功效》中的一句加以说明。

> 但知所谓功，不知所谓效，而效亦徐徐以至也。

这句话旨在说明功效的缓慢而至，用稍慢的语速正好能体现作者的意图。

4. 语调

语调是指语句中声音高低升降的变化形式。常见的语调有以下四种：

（1）升调

升调指语调前低后高，句尾语音强且上扬。一般用在疑问句和感叹句中，表示疑问、激动、愤怒、警告、号召等情感。

下面以王阳明《教条示龙场诸生》中的一句为例加以说明。

> 志不立，如无舵之舟，无衔之马，漂荡奔逸，终亦何所底乎？

这一句写的是不树立志向的危害，以疑问句结尾，表示疑问的语气，语调逐渐上扬。

（2）降调

降调指语调前高后低，句尾下降。一般用在陈述句、祈使句、感叹句中，表示陈述、肯定、请求、沉痛等情感。

下面以清代钱德苍《解人颐·勤懒歌》中的一句为例加以说明。

百尺竿头立不难，一勤天下无难事。

用降调诵读能表现作者确信、肯定的情感，从而证明只要勤奋，天下就没有难做的事情。

（3）平调

平调指语调始终平直，没有明显的高低变化。一般用在陈述句和说明句中，表述回忆、思索、庄重等情形，表现平静、镇定等心理。

下面以《庄子·天道》中的一句为例加以说明。

斫轮，徐则甘而不固，疾则苦而不入。

该句是造车轮的匠人陈述自己的经验，以平调诵读表现了其平静的心理。

（4）曲调

指全句的语调或者先升后降，或者先降后升，形成一种曲折的变化。常用来表示讽刺、惊讶、夸张等情感。

下面以清代彭端淑《为学》的开篇为例加以说明。

天下事有难易乎？为之，则难者亦易矣；不为，则易者亦难矣。

开篇先是升调，表示反问语气，接着是降调，表示肯定语气。

5. 语气

语气是指诵读时流露出来的声音情态和气韵。语气根据作品的情感基调而有所不同，包括高低、快慢、轻重、停连等声音形式，还包括感情色彩等。高低、快慢、轻重、停连等声音形式已在前文提及，本书中具体每篇选文的感情色彩也都在导读中做了说明，在此就不再举例。

6. 节奏

节奏指一定时间内声音有规律的强弱、长短、轻重、高低等现象。大致有以下几种节奏类型。

（1）轻快型

语调多高少低，语音多轻少重，词语密度大，语速较快，停顿较少且短暂，多用来表达欢快欣喜之情。

比如：清代钱德苍的《解人颐·勤懒歌》。具体原文可见本书第三课。

（2）凝重型

语调多低少高，语音多重少轻，词语密度小，语速较慢，停顿较多且偏长，多用来表达庄严肃穆之感和沉重悲痛之情。

比如：《诗经·小雅·蓼莪》。具体原文可见本书第五课。

（3）低沉型

语调偏低，语速偏慢，声音暗沉，句尾沉重，多用来表达悲哀压抑之情。

比如：杜甫的《蜀相》。具体原文可见本书的第十四课。

（4）高亢型

语调高昂，声音明亮，多连接少停顿，语速偏快，多用来表达昂扬积极之感或兴奋激动之情。

比如：本书第八课节选自《孟子》的《富贵不能淫》。

（5）舒缓型

声音轻柔明朗，语速缓慢，多连接少停顿，多用来描绘幽静之景和舒畅之感。

比如：本书第六课节选自《道德经》的《上善若水》。

需要注意的是，这里的文章节奏指的是整体节奏，是针对文章的整体感觉而言的，并非文章中的每一句话都符合。因此，在诵读时，应该根据具体内容的停连、轻重、语调、语速来确定准确的节奏，并适时变换。

第二版修订说明

当代中国青年是与新时代中国同向而行、共同进步的一代，生逢盛世，肩负重任。为进一步落实立德树人这一教育根本任务，让中华优秀传统文化基因在广大职校学子心中生根发芽，经过5年的使用实践，在听取学校、专家、学生意见的基础上，本书进行了修订。

本次修订围绕中华优秀传统文化的核心思想理念、中华人文精神和中华传统美德这三大主题，加入了近现代的诗文名篇，以家国情怀为主题，构成第16课。家国情怀是一种源自内心的质朴情感，也是每个人的立身之本，对于当代青年来说，更体现为一种时代责任。青年学生只有常怀感恩之心、涵养家国情怀、砥砺强国之志，才能自觉地把个人的前途命运与国家、民族、社会紧密地融合在一起，才能为实现中华民族伟大复兴的中国梦凝聚磅礴力量。

参与本次教材修订的人员除了主编郑晓哲、副主编孙科炎，还有长春职业技术学校的李瑞双老师。

中华优秀传统文化具有深远的思想内涵、道德精髓，有着永不褪色的时代价值。当下社会，中华经典诗文更需要被赋予鲜活的新生命，通过诵读的方式，让这些经典名篇涵养人们的精神世界，哺育新时代的青年，用中国声音讲好中国故事、传播中国文化，让荡气回肠的情感、波澜壮阔的胸怀、矢志不渝的信仰，荡涤青年的灵魂，为职校学子的学习生活注入更加充沛的文化元气，让他们健康、阳光地成长成才！

编者

2023 年 5 月

图书在版编目（C I P）数据

中华经典诵读 / 王雰总主编；郑晓哲主编. -- 2版
. -- 北京：高等教育出版社，2023.8（2024.12 重印）
ISBN 978-7-04-060103-9

Ⅰ. ①中… Ⅱ. ①王… ②郑… Ⅲ. ①中华文化－中
等专业学校－教材 Ⅳ. ①G634.301

中国国家版本馆CIP数据核字(2023)第036474号

ZHONGHUA JINGDIAN SONGDU

策划编辑 杨 鸣
责任编辑 程 雯
封面设计 王 洋
责任绘图 杨伟露
版式设计 王 洋
责任校对 张 然
责任印制 沈心怡

出版发行 高等教育出版社
社 址 北京市西城区德外大街4号
邮政编码 100120
购书热线 010-58581118
咨询电话 400-810-0598
网 址 http://www.hep.edu.cn
http://www.hep.com.cn
网上订购 http://www.hepmall.com.cn
http://www.hepmall.com
http://www.hepmall.cn

印 刷 运河（唐山）印务有限公司
开 本 889mm × 1194mm 1/16
印 张 14.75
字 数 200千字
版 次 2017年8月第1版
2023年8月第2版
印 次 2024年12月第6次印刷
定 价 43.80元

物 料 号 60103-00